언젠가 꽃 필 너에게

화성수필 2

언젠가 꽃 필 너에게

화성수필문학회

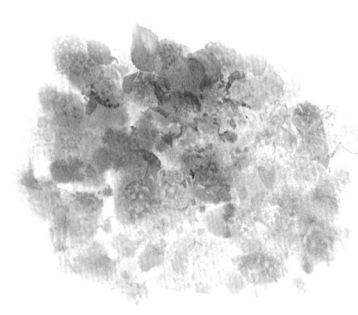

책을 내며

　길가의 노란 코스모스가 아직 오지 않은 가을을 부르듯 하늘거립니다.

　삶이라는 프레임에 갇혀있다가 글을 쓰기 시작하면서 세상으로 향한 문을 빼꼼히 열고 나왔습니다. 부끄러운 마음을 글로 표현하는 방법을 배우기 시작하며, 조금씩 다른 사람을 엿보게 되었네요. 그들의 삶을 통해 나를 반추해 보는 시간은 치유의 효과도 있었습니다. 세상으로 나온 우리의 이야기들, 이제 용기 내어 조심스럽게 펼쳐봅니다.

　우리 '화성 수필'은 2023년 3월부터 5월까지 화성 시민대학에서 김기화 선생님의 〈일상이 스며드는 수필 쓰기〉 강좌를 듣고 글쓰기를 이어가 보자는 마음으로 만든 동아리입니다. 6월에 '화성 수필' 동아리를 결성하고 2023년 12월 화성 수필 창간호 《편의점이 되고 싶다》를 발간했습니다. 이후 시민대학 글쓰기 수업 후 지속적인 글쓰기를 원하는 분들이 합류하고 새로운 분들도 들어오며 지금은 17명의 회원이 활동하고 있습니다. 덕분에 작년에 이어 올해도 화성 수필 2집 《언젠가 꽃 필 너에게》로 풍성한 식탁을 차렸습니다.

  이 책이 나오는 데는, 글쓰기 길을 먼저 걸어온 선생님의 안내와, 어깨동무하며 기쁘게 함께 한 글동무의 응원이 큰 힘이 되었습니다. '화성 수필' 2집은 자신의 수필 중에서 가장 아끼는 글에 '집'과 '의자'라는 테마 수필로 엮어보았습니다. 서툴지만 진실한 회원들의 앞으로의 행보도 기대하며, 모든 분께 감사의 마음을 전합니다.

화성수필 동아리 회장
홍성님

화성수필 2집 발간에 부쳐

"저도 잘 모르는 걸 찾아내셨네요."

수업 시간에 들었던 말입니다. 글쓰기는 이렇게 나도 잘 모르는 내 모습을 찾아가는 일입니다. 누군가도 제 글에서 저도 모르는 제 모습을 읽어냈을지도 모르지요. 이런 일은 미래보다는 과거에서 더 잘 읽히는 것 같습니다. 어쩌면 마음 깊은 곳에 숨겨두었던 상처나 죄책감 같은 것을 꺼내 글로써 위로받고 싶은 건지도 모릅니다. 오랜 시간 저장하거나 숨겨뒀던 이야기는 색도 바래지 않고, 마르고 마른 낙엽처럼 부서지지도 않아 화석처럼 굳어있는 게 대부분입니다. 그걸 꺼내 색도 칠하고 상처에 연고도 발라주는 건 함께 읽어주고 들어주고 공감하는 동인들입니다. 그 과정을 지나야 더 넓은 시야를 확

보할 수 있지요. 그러므로 글은, 특히 수필을 쓰려면 용기라는 무기가 절대적으로 필요합니다. 누구한테도 꺼내지 못한 이야기를 담담하게 풀어놓을 때 비로소 가슴속 응어리가 풀어지는 걸 느끼게 됩니다.

어느 소설가가 말했습니다. '죽이고 싶은 사람이 많아서 소설을 썼다'고. 이런저런 사연으로 죽이고 싶은 사람을 웬만한 공동묘지 하나에 채울 무렵, 자기 자신을 죽였다고 합니다. 그러고 나니 비로소 사랑이라는 새 소설이 시작되었다고. 우리가 쓰는 글도 그렇습니다. 일단, 모든 걸 털어내고 나를 드러낸 후에 비로소 내가 정말 하고 싶은 이야기를 쓸 수 있는 게 아닐까 싶습니다.

마감일을 지켜 꼬박꼬박 날아오는 글, 분량은 많지 않지만, 울림이 있는 글, 글이 조금 거칠어도 진심을 그대로 드러낸 글, 의미를 재미로 맛깔나게 버무린 글 등, 모든 글이 그 사람처럼 빛나서 다 보석 같았습니다. "나는 언제 저렇게 쓸 수 있을까요? 유치원생 글을 언제 벗어날까요."라는 말씀을 하시는 분이 계셨습니다. 잘 쓰셨는데도 늘 잘 못 쓴다고 하셨습니다. 그만큼 기록으로써의 글쓰기가 절박하다는 걸로 읽혔습니다. 그래서 첨삭에 더 공을 들였습니다. 물론 수정은 글쓴이의 몫입니다. 고치고 덧붙이고 삭제하고 이리저리 옮기며 숙성하다 보면 좋은 글이 만들어집니다. 처음엔 써지는 거지만 다 쓰고 나면 만들어지는 게 글이 아닌가 싶습니다. 제가 그랬듯 모두 글쓰기를 루틴으로 만들어 뿌듯함을 맛봤으면 좋겠습니다.

오늘도 우리는 내가 모르는 나를 찾아내느라 글을 씁니다. 상처 입은 나, 긴장하는 나, 자격지심이란 옷을 걸친 나, 혼자서 감동하는 나, 뿌듯한 나, 다양한 나를 찾아 토닥이고 칭찬하며 옆으로, 옆으로 마음의 평수를 넓혀 나갑니다.

이주에 한 번, 두 시간을 보내고 나면 아쉬울 때도 있습니다. 그건 제 부족한 부분을 발견해서이겠지요. 그래서 함께 성장하는 그 시간이 더 소중합니다. 한 분 한 분 저마다의 눈물이, 기쁨이, 빛나는 보석이 되는 시간.

햇살처럼 반짝이는 보석, 따뜻한 보석, 용기 내어 꺼내놓은 진심들이 진짜 보석이 되어 오래오래 빛나기를 기원합니다.

수필가 김기화

차례

책을 내며 … 4
화성수필 2집 발간에 부쳐 … 6

| 강수정 | 서툴러도 괜찮아 … 16 |

| 김귀애 | 나도 노을이예요 … 22
날마다 선물 … 26 |

| 김규연 | 황당한 무기정학 … 30
애통한 면회 … 36
두 번의 해운대 여행 … 44 |

| 김옥순 | 할머니의 고무신 … 50
하얀 거짓말 … 54 |

김은진	별님들 … 60
김정주	귀 파 주세요 … 66
박근애	빨간 구두 … 72
	살아내다 … 76
윤백경	취미생활과 공간 … 82
	겨울의 단상 … 84
	흰빛으로 새해를 보는 마음 … 88
안춘자	얘는 누구니 … 92
	잠보 … 96
	취미생활이 뭐야 … 102
이강숙	융건릉에서 … 108

| 이수경 | 언젠가 꽃 필 너에게 … 114 |

| 조진명 | 갱년기 마녀 … 120
| | 괜찮아, 작은 것에도
| | 행복할 수 있다는 걸 배웠으니까 … 125

| 최미르 | 재능은 없지만 좋은 선생님입니다 … 130
| | 너의 이름을 부를게 … 139
| | 끝이 없을지도 모르는 시작 … 142

| 홍성님 | 세상은 넓고 갈 곳은 많다 … 148
| | 노을 … 155

테마수필 **집**

김기화 작은 집 … 162

강수정 움직이는 액자 … 167

김옥순 서울 집은 다 똑같아 … 170

김은진 빨랫줄 … 175

김정주 쮸비와 엘레 … 181

박근애 집 나와 버스 타고 … 194

이강숙 내가 돌아갈 집은 어디인가 … 200

이수경 즐거운 나의 집 … 210

조진명 이야기를 담은 '집' … 215

홍성님 성남 꼭대기 집 … 222

테마 수필 **의자**

김기화 의자 … 230
강수정 눈부시게 … 236
김귀애 내 마음의 의자 … 240
김은진 무게 … 244
김정주 의자 짝꿍 … 250
이수경 정말 서울대 갈 수 있나요 … 254

강수정

서툴러도 괜찮아

서툴러도 괜찮아

 나에게는 사랑스러운 두 딸이 있다.

임신 전까지 나는 아이들을 너무 좋아해서 나중에 내가 아이를 낳게 되면 엄청 잘 키울 수 있을 줄 알았다. 경험해 봐야 안다고 했다. 아이가 배 속에 있을 때부터 낳고 키우기까지 쉽지 않은 일이란 것을, 임신하고 출산하며 알았다. 모든 것이 처음이라 신경이 늘 곤두서 있었다. 양가가 모두 멀리 사셨고 코로나로 이동이 쉽지 않아, 홀로 인터넷과 책에 의지하며 육아했던 그때가 생각난다.

나는 육아에 자신 있다고 생각했는데 너무 서툴기 그지없었다. 남들은 다 잘하고 있는 것 같은데, 나만 모르는 게 많은 것 같아 힘들었다. 그러니 모든 게 어려웠다. 심지어 친정엄마조차 내가 육아로 힘들다고 하면 이해를 못 하시니 '내가 못난 사람인가. 내가 모자란 건가.' 하며 땅굴을 파며 살았던 6년 전 그날. 우울증인지도 모르고 살았던 그때가 생각난다.

  며칠 전 〈서투름의 미학〉이란 시를 읽었다. '서투르다'란 '일 따위에 익숙하지 못하여 다루기에 설다'라는 뜻이다. 사람은 서투르다는 말을 듣기 싫어한다. 나도 그렇다. 그런데 이 시에서 시인은 '서투르다는 게 그리 나쁜 것만은 아니'라고 말한다. 시간이 흐르고 흐른 후에 '서툰 오늘이 다시 그리워질 것'이라는 부분에 울컥 눈물이 났다. 나를 위로해 주는 것 같았다. 나는 아직도 육아에 서툴다. 아이를 키우는 일은 내가 성장하는 일이라던데…. 나는 대체 언제쯤 성장할 수 있을까. 그런데 이 시를 읽고 나서 이다음에, 지금의 내가 그리울 수 있겠다 싶었다. 혼자서 두 아이를 키운다는 것은 정말 쉽지 않다. 나를 다 내려놓고 내가 없이 아이들만 생각하며 지내는 것은 진짜 숨 막히고 답답할 때도 있다. 하지만 모든 것에 장단점이 있듯이 기쁠 때도 있다.

첫째 아이가 유치원 겨울 방학을 보낼 때의 일이다. 둘째는 어린이집에 갔고 첫째랑 둘이 있었다. 그날은 계속 이어지는 방학으로 지쳐있는 날이었다. 점심을 먹고 있는데 갑자기 첫째가 식탁 밑으로 들어가더니 내 발바닥을 간질였다. 화가 머리까지 올라왔지만 웃으며 "하은아 하지 마!"라고 했는데 계속했다. 밥은 앉아서 먹는 거라고 분명히 여러 번 알려줬었다. 그런데 이번에는 일어나서 내 발을 계속 간질이기 시작했다. 이제는 머리 뚜껑까지 화가 올라왔다. 화를 삼키고 자리에 앉으라고 했더니,

"엄마, 웃었다, 엄마 웃으라고 간질인 거야." 순간 생각하지 못한 말을 해서 놀랐다.

노래 가사처럼 정말로 머리에 총 맞은 것 같았다. 한 번만 더 하면 화를 내려 했던 나 자신에게 부끄러워졌고 딸에게는 미안했다. 웃으며 딸에게

"진짜 엄마 웃으라고 간질인 거야? 그런 거였어?"라고 물으니 그렇단다. 첫째에게

"고마워, 엄마 너무 감동했어. 엄마가 요새 많이 안 웃

어 줬었구나. 미안해. 이제 많이 웃으며 말할게. 엄마를 이렇게 생각해 줘서 고마워."라고 말해주곤 꼭 안아주었다. 아이는 부모가 아이를 사랑한 것보다 더 많이, 훨씬 더 사랑한다는 글이 생각났다. 그런데 나는 정작 속으로 화를 내고 있었으니…. 첫째에게 너무 미안했다.

  그날 저녁이었다. 첫째는 피곤했는지 먼저 잠들어 버리고 안 자고 있던 둘째가 갑자기 귀에다 "엄마, 잘자, 알찌?"라고 했다. 나도 똑같이 귓속말로 "또니, 잘자! 알았지?"하니, 다시 웃으며 귓속말로 "엄마, 사랑해, 알찌? 히힛" 하며 웃었다. 고마운 첫째, 귀여운 둘째, 그저 사랑스럽고 또 혼자 감동해서 울컥했던 하루였다.

  아이를 키우면서 힘든 점도 많이 있지만 기쁠 때도 많다. 사소한 일에 감동하고 사랑스럽고 이 세상 어디서 받을 수 없는 이 행복함은 잊을 수 없다. 서툴러서 나 자신이 너무 밉고 아이들에게 미안할 때, 아이들이 주는 이 기쁨과 사랑으로 나는 다시 일어난다.

  서툴러도 괜찮아. 지금만이 느낄 수 있는 이 행복을

영원히 기억하고 가슴속에 새기고 싶다. 언젠가 이날을 많이 그리워하길 바라며…. 오늘도 나는 육아 전쟁에 기쁘게 참전하러 간다.

김귀애

나도 노을이예요
날마다 선물

나도 노을이예요

'서산 넘어 해님이 숨바꼭질할 때면 수풀 속의 새 집에는 촛불 하나 켜 놨죠. 아니, 아니 아니죠. 켜 논 촛불 아니죠. 저녁 먹고 놀러 나온 아기 별님이지요.'

'별 하나 나 하나 별 둘 나 둘….'

옛날 우리 어렸을 적 여름밤이면 마당 평상에 앉아 아는 동요 모두 부르며 더위를 식히곤 잠자리에 들었다. 그때는 시골이 아니었는데도 초롱초롱한 별님과 둥그런 보름 달님은 온 동네를 환하게 비추어 주었다. 요즈음 빌딩 숲사이로 보이는 세수하지 않은 달님은 나랑 숨바꼭질하잔다. 초롱초롱 빛나던 별님들은 보이지 않고 서쪽 하늘 금성만이 보이니 내 눈이 나빠진 탓일까. 공해 때문일까.

지금까지 세상에서 나의 소임을 다했으니, 아들과 딸에게 독립하겠다고 말했다. 가까운 시골로 가서 이슬 젖은 보리밭길도 걸어보고 가을의 밀밭도 걸으며 텃밭도 가꾸며 조용히 살고 싶다고 했더니 아들이 "시골은 병원 가기 힘들어요"라며 일언지하에 거절했다.

동탄으로 이사 온 지 2년이 지났다. 동탄으로 이사 와, 동화구연으로 틈틈이 모은 동화책 100 여권을 미소 작은 도서관에 기증하고 도서관 자원봉사자가 되었다. 매일 7시면 딸이 전화한다. "오늘 뭐 하세요?" "도서관 봉사 가는 날이야." "다녀오세요" 퇴근하며 또 전화한다. "오늘 어떠셨어요?" "괜찮았어." "쉬세요."

어제는 아들에게서 전화가 와 낼 아침 여섯 시에 집으로 갈 테니 준비하란다. 난 묻지도 따지지도 않고 따라나선다. 오늘 아침, 딸과 아들이 함께 와서는 비 온 뒤라 추우니 따뜻하게 입고 나오란다. 차를 타고 얼마쯤 달리니 노란 꽃길이 끝없이 펼쳐져 있었다. 내가 소리 지르며 너무 좋아하니 딸은 만조때가 더 아름다울 것이니 시간 내어 다시 오잔다. 반나절 여행으로 난 또 일주

일을 감동으로 지낼 수 있을 것이다.

　작년 10월 어느 날, 딸이 전화해서 반나절 휴가 냈으니 영동 감 기리 구경 가잔다. "안돼, 도서관 봉사야" "내일은 감을 모두 딴대요." 아쉬운 마음에 대타를 부탁드리고 영동으로 출발했다. 비 온 뒤 맑게 갠 가을하늘에는 뭉게구름이, 토끼도 그리고 양도 그리며 바람 따라 흘러간다. 소리 지르는 엄마를 위해 딸은 차창을 모두 열고 맘껏 신나게 달려서 감거리에 도착했다. 세상에! 감나무에 큼지막한 먹음직스러운 감들이 주렁주렁 열려 얼마나 탐스러운지 감거리를 오르내리며 내가 좋아하는 감을 실컷 구경했다. 딸의 효심에 고마워하며 시장에서 감 한 접을 사서 차에 싣고 돌아왔다. 감을 보니 곶감을 만들고 싶어 밤새 껍질을 벗겨 베란다에 펴 놓았다. 며칠 후 감 꼭지에서 곰팡이가 피어 얼른 냉동고에 넣어 두었다. 딸은 냉동고의 감을 볼 때마다 아까워 말고 버리라고 성화지만 미련이 남아 버리지 못했다.

　오늘은 아들과 딸이랑 점심 겸 저녁을 먹고 돌아오는데 노을이 서쪽 하늘을 붉게 물들였다. 태양이 산 넘어가며 뭔가 더 주고 싶은 마음으로 신비한 물감으로 사람들이 만들 수 없는 그림을 그렸나 보다. 낮의 뭉게구름을 보며 소리 지른 것과 달리 난 침묵했다. 더 뜨겁게 사랑할 것을, 아쉬움을 담은 태양의 마음이 노을인가 보다

천상병 시인은 '노을빛 단둘이서 기슭에서 놀다가, 구름 손짓하면은 나 하늘로 돌아가리라.'고 했다. 시인도 노을을 많이 좋아 하셨나 보다. 밀레의 그림 〈만종〉에도 노을이 나온다. 감사하는 마음을 담아 경건하게 기도하는 모습을 보며, 나 또한 인생길 노을인데 좀 더 사랑하며 경건하게 감사하며 살아보리라 다짐한다.

날마다 선물

내가 가는 건지 세월이 가는 건지 세상에서 나의 역할을 거의 끝내고 나 자신을 돌아보니 어느덧 호호백발 노인의 자리에 홀로 서 있다. 이제 남은 날들은 하늘이 내린 선물이라 여기며 살아 보리라 다짐한다.

지나온 세월을 뒤돌아보니 크고 작은 사연이 보따리처럼 수북이 쌓여있다. 아직도 사랑으로 부풀어 있는 부모님의 커다란 사랑 보따리, 사랑만 하다 먼저 떠나간 남편 보따리, 멀리 서울과 부산을 오가며 나누는 애틋한 형제 사랑 이야기, 내 삶을 윤택하게 빛내는 아들딸의 이야기, 이 모두를 글로 펼쳐놓으면 아마도 장편이 될 것 같다.

2년 전 부모의 역할과 할머니의 역할까지 모두 접고 홀로 살아 보려 이곳 동탄에 둥지를 틀었다. 이제 누구를 위한 밥상이 아니라 온전히 나를 위한 밥상을 차려보자고 생각했다. 칠첩반상은 아니더라도 오첩반상 정도를 차려서 우아하게 식사하고 차 한잔 마시며 나의 멋진 노후를 꿈꾸며 독립했다. 하지만 나를 위한 오첩반상, 그게 그렇게 어려운지 미처 몰랐다. 지금은 되는 대로 있는 대로 차려 먹는다.

독립한 지 2년 반이다. 날마다 딸은 안부를 묻는다. 요즈음도 매일 아침 일곱 시면 휴대전화가 울린다.

"오늘은 뭐 하세요?" "글공부 가는 날" "비 온대요 조심해서 다녀오세요"

나의 분신처럼 염려하고 걱정해 주는 딸이 곁에 있어 얼마나 다행인지 모른다.

금요일에는 아들에게서 문자가 뜬다. "뭐 드시고 싶으신 것 있으세요?"

"아무거나 먹자" 토요일에는 아들과 맛난 것 먹고 드라이브하는 게 일상이 되었다.

이번 주에는 녹색 카디건을 입고 나가야겠다. 녹색 가로줄 무늬 카디건은 20여 년 동안 옷장에 터줏대감처럼 자리 잡고 있다. 딸과 함께 백화점에서 식사 후 매장을 돌아보다가 눈에 띈 옷이다. 마음에 들어 가격표를 보는 순간, 0이 다섯 개나 되어 얼마나 놀랐는지 모른다.

백화점에 다녀 온 며칠 후 부산에 계신 친정어머니께서 넘어지셨다. 다리 골절상으로 입원하셨다는 소식에 걱정하는 나를, 아들딸이 등 떠밀며 다녀오란다. 어머니가 병원에서 퇴원하시는 날, 밤차를 타고 서울역에 내려 서둘러 집에 갔더니 현관에서부터 고소한 밥 냄새가 난다. 산뜻하게 청소까지 해놨다. 옷을 걸어두려고 옷장을 열었더니 세상에! 며칠 전 백화점에서 본 녹색 카디건이 떡하니 걸려있다. 그날의 감동은 날이 가고 달이 가도 잊을 수 없다. 그날을 생각하면 지금도 어제 일처럼 가슴이 두근거린다.

어느덧 호호백발 노인의 자리라 여겼다. 그런데 돌아보면 날마다 선물이었다. 남은 날들도 빛나는 선물로 가슴 뛰는 하루하루를 만들어 보련다.

김규연

황당한 무기정학
애통한 면회
두 번의 해운대 여행

황당한 무기정학

고등학교에 다닐 때, 월요일 아침마다 전교생이 운동장에 모여서 조회를 했다. 1학년이던 12월 중순, 그 날도 조회에 참석하기 위해 운동장으로 나가던 중에 스피커 방송을 들었다.

"봉양중학교 출신 1학년 학생들은 지금 즉시 학생과로 와라."

학생과라는 말에 겁이 덜컥 났다. 그곳은 잘못을 저지른 학생을 질책하고 벌주는 곳이다. 잘못한 것은 없었지만, 분명히 좋은 일은 아닐 것이다. 교무실에 들어가니, 동창생 다섯 명이 서 있었다. 의자에는 '불도그'로 불리는 선생님이 씩씩대며 앉아 있었다. 그는 피부가 검고 키가 180센티미터다. 우락부락한 얼굴 생김새 때문에 보기만 해도 무서운 존재였다. 그는 집어삼킬 듯한 표정으로 버럭 고함쳤다.

"이놈들아. 머리에 피도 안 마른 놈들이 술에 고주망태가 돼서 경찰한테 덤비냐? 1학년밖에 안 된 놈들이 학교 망신을 다 시키는군. 너희는 교칙에 따라 무기정학이야, 무기정학!"

무슨 일인지 모른 채, 두근거리는 심장 박동을 느끼며, 고양이 앞에 쥐처럼 고개를 숙이고 듣기만 했다.

"당장 가서 부모님 모시고 와."

'부모님 모시고 오면 무슨 일인지 알게 되겠지. 잘못한 것 없으니, 별일이야 있겠어?'라고 생각했다. 시내버스가 다니지 않는 시골이었기 때문에 한 시간 동안 자전거를 타고 집으로 왔다.

들에서 일하던 아버지도 영문 모른 채 학교에 갔다. 선생님은 부모님들과 한 시간가량 이야기를 나누었다. 부모님들이 떠난 후 선생님은 여전히 화난 표정으로 호통쳤다.

"너희는 교칙에 따라 십사 일간 무기정학이다. 공부할 자격도 없는 놈들이다. 교실에서 가방 갖고 자료실에 가서 반성해!"

교실에 들어가니 담임선생님이 수업 중이었다. 교탁 앞으로 다가가서 조그만 목소리로 선생님께 말했다.

"무기정학 징계를 받았습니다. 수업받지 말고 자료실에서 반성하도록 지시받았습니다."

선생님은 이미 알고 있는 듯, 아무 말도 하지 않았다. 의미를 알 수 없는 엷은 미소를 띤 얼굴로 쳐다볼 뿐이었다. 자리로 가려고 몸을 돌리자, 친구들의 시선이 일제히 쏟아지고 있었다. 창피함과 억울함으로 얼굴이 화끈거렸다. 부리나케 가방을 들고 도망치듯 교실에서 나왔다.

'도대체 무슨 일이 있었던 것인가? 술 마시고, 경찰한테 덤볐다니, 누가, 언제, 왜?'

자료실에 가서 사고를 낸 친구로부터 자초지종을 들었다. 사흘 전인 토요일 오후에 모교인 중학교를 방문했다. 고등학교 입학시험을 일주일 앞둔 후배들을 격려하기 위해서다. 그 당시에 1년 차 선배들이 볼펜과 찹쌀떡을 갖고 가서 후배들을 격려하는 것이 전통이었다. 가정형편이 어려워서 장학금을 주는 서울 수도공고, 경북 구미공고 등의 먼 지역 학교로 진학한 친구들도 왔다. 일 년 만에 만났기 때문에, 저녁 식사도 할 겸 모두 식당으로 갔다. 대부분 식사만 했지만, 일부 인원은 소주를 마시기도 했다. 그런 후 각자 헤어져 집으로 갔다.

사건은 그 후에 벌어졌단다. 술 마신 친구 몇이 흥겹게 노래 부르며 집으로 가는데 파출소 앞을 지나갔다. 근무 중이던 경찰이 조용히 가라고 일행을 꾸짖었다. 그러자 한 친구가 말대꾸하며 다툼이 되었다. 경찰이 어깨를 잡자, 친구는 달아나려고 몸부림쳤고, 교복이 벗겨진 채 도망갔다. 경찰은 교복에 달린 학교 배지와 명찰을 보고 우리 학교에 통보했다. 옷을 빼앗긴 한 명만 우리 학교였고, 나머지는 다른 학교 친구들이었다.

이런 일이 있었다는 것을 몰랐던 나는 친구 중 누군가가 잘못했고, 우린 단체로 야단맞는 것으로만 생각했다. 그 시대는 한 명이 잘못해도 전체가 벌을 받는 일이 허

다했다. 그런데 이번엔 단순한 엄포성 꾸지람이 아니고 무기정학이란 처벌을 실제로 받고 말았다.

매일 반성문 쓰고 검사받아야 하니 난감했다. '나는 음주하지 않았습니다. 그 자리에서 술 마시지 말라고 막지 못한 것은 잘못입니다. 그러나 음주와 추태로 처벌은 부당합니다.'라고 쓸까? 다들 그렇게 할 순 없다고 했다. 2주 동안 반성문 아닌 반성문을 썼다.

징계 장소에는 선배 셋이 처벌받고 있었다. 그들은 자기 일탈 행위를 자랑스러운 일인 양 떠벌렸다. 열흘 동안 같이 지내보니, 그들도 심성이 악하지는 않았다. 다만 반항심과 잘못된 영웅 심리, 관심 두고 지도해 주는 사람이 없다는 것 등으로 인해 잘못된 행동을 한 것 같았다. '학교에서는 학생들의 기강 확립을 위하여 시범사례로 징계한 것이 아닐까'라는 생각이 들었다. 입학 때의 평균 성적은 과거보다 높았지만, 일부 학생이 교외에서 잘못된 행동을 하고 있었기 때문이었다. 그들 중에는 시내 유지급 집안의 자녀도 있었다. 그래서 징계하기가 쉽지 않았을 것이다. 반면에 우린 작은 시골 출신이었고, 부모님들도 사실관계를 따져보지 않고 처벌을 받아들이지 않았던가.

또 다른 사실을 오십 세가 넘어서 알았다. 당시 현장에 있던 친구들은 모두 제천고 학생이라고 하자고 입을 모았단다. 제천고는 공부 잘하는 학생들이 다니니까, 대학진학을 고려해서 처벌하지 않을 거라고 기대했단다.

황당하고 억울한 경험이었지만, 큰 교훈을 얻었다. 약자의 경우에 진실을 밝힐 수 없는 상황에 놓일 수 있다. 예상하지 못한 상황의 전개로 부당한 피해를 볼 수도 있다. 그런 결과가 진로를 제한하거나, 삶의 방향을 바꾸게도 한다. 폐쇄적인 문화를 가졌거나 절대적 복종을 요구하는 조직일수록 그럴 가능성이 더 크다. 군대에 근무하면서, 이와 같은 황당한 상황에 놓이거나, 부당한 일을 당하는 사람이 없는지 세심하게 살피게 되었으니 오히려 전화위복이 된 셈이다.

애통한 면회

사관학교 1학년 재학 중엔 일요일을 목 빠지게 기다렸다. 평일엔 청소와 상급 생도의 세탁물을 걷어오고 분배하며, 연병장에 잡초 뽑기 등 궂은 일로 바빴다. 그 와중에 틈틈이, 야간 잠자는 시간 중에 상급 생도로부터 호되게 기합받았다. 이러한 일과에서 벗어나 자유를 누리는 시간이 일요일 저녁 식사 전까지였다. 입학한 지 두 달이 지난 5월의 일요일 아침, 대부분의 상급 생도는 외출했다. '호랑이 없는 골에 토끼가 왕 노릇 한다.'라는 속담처럼 1학년만 있는 내무반은 편안했다. 모처럼 침대에 누워 책을 읽었다. 그때 복도의 스피커에서 면회자 이름이 흘러나왔다.

"13중대, 1학년 박ㅇㅇ 생도, 김규연 생도, 14중대 이ㅇㅇ 생도"

내겐 면회 올 사람이 없다. 그래서 '잘못 들었겠지.'라고 생각했는데, 반복해서 방송이 나왔다. 분명히 내 이름이었다.

'면회 올 사람이 없는데, 누굴까?'

  다림질로 줄을 날카롭게 세운 회색빛 정복을 입고 뛰듯이 면회실인 회관으로 갔다. 노란색 당직 근무 완장을 착용한 3학년 생도들이 면회실 안팎에서 군기 순찰 중이었다. 복장 불량이나 걷는 자세가 불량하다고 지적받는 경우엔 저녁 식사 이후에 얼차려를 받기 때문에, 잔뜩 긴장하고 면회실로 들어갔다. 많은 사람으로 혼잡한 면회실에 초조한 표정의 어머니가 서 계셨다.

  고향에서 오려면 차를 세 번 바꿔 타고, 다섯 시간 걸린다. 편지도 없이 갑자기 오셨으니, 집에 변고라도 있는 것은 아닌지 염려스러웠으나, 그냥 오셨단다. 지난 3월 초, 입학식 날 면회 오셔서 본 아들의 마른 모습에 늘 걱정했다고 하셨다. 곧이어 주문한 설렁탕이 식탁에 차려져서 수저를 드는데 어머니가 물었다.

"너 손가락이 왜 그러니?"

"아, 이것 별거 아니어요. 훈련받다가 좀 다쳤어요."

나는 수저를 내려놓고 손을 탁자 밑으로 감췄다.

"무슨 훈련이기에 손가락 마디마다 굳은살이 박이고 그렇게 피딱지가 맺히니?"

어머니의 두 눈에서 눈물이 주르륵 쏟아졌다. 나는 아무 말도 할 수 없었다. 군대라는 조직에서 벌어지고 있는 부조리하고 비인간적인 일을 어찌 이야기할 수 있으랴. 따닥따닥 인접한 테이블엔 면회객들이 있고, 군기 순찰하는 상급 생도들의 눈초리가 레이저 빛처럼 공간을 뚫고 퍼졌다.

답답한 마음과 함께 화가 치밀어 올랐다. 그것은 인간의 잔인성과 세상에 대한 분노였고, 어찌할 수 없는 내 운명에 대한 울분이었다. 그러나 불효막심하게도 그 화살이 어머니에게 나갔다.

"어머니, 그만 가세요. 그리고 다시는 면회 오지 마세요."

새벽에 집을 나서서 정오에 도착한 어머니는 음식을

한 순가락도 먹지 못하고 눈물만 흘렸다. 가슴이 미어졌다. 연신 눈물을 닦으며 떠나는 어머니의 뒷모습을 보면서 울음을 참았다.

'어려서부터 불효자였는데, 또 이렇게 어머니 마음을 아프게 했구나. 어머니를 위로하긴커녕 오히려 화를 내다니.'

장터에서 친구가 된 할아버지와 외할아버지는 사돈 하자고 약속했다. 그분들의 뜻에 따라 어머니는 아버지 얼굴을 본 적도 없이 스무 살에 결혼했다. 아버지는 초등학교만 졸업하고 일찌감치 농사를 짓는 스물한 살 장남이었다. 어머니는 어린 시동생과 시누이들을 자식처럼 업어 키웠다. 막내 시누이와 같은 해에 딸을 낳았지만, 곧 사망했다.

우리 사 남매 중 셋이 태어난 이후에 아버지는 뒤늦게 군대에 입대했다. 어머니는 시부모를 모시며, 열두 명 대가족의 집안일과 농사일을 감당했다. 게다가 동네에서 소문난 할머니의 시집살이를 견뎌야 했다. 할머니는 할

아버지와 사이가 좋지 않았다. 화가 났기 때문인지 술을 자주 마셨다. '악마가 바쁠 때 오지 못하면, 대신 보내는 것이 술'이라는 말이 있듯, 술을 마신 날은 어김없이 어머니에게 화풀이했다. 어떤 날은 고모들이 어머니를 험담하고 고자질했다. 어머니는 억울함을 참다가 사실이 아니라고 설명하면, 할머니는 고래고래 고함을 질렀다. 곧이어 어김없이 할아버지의 화난 목소리가 들렸다.

"집안 꼴 잘 돌아간다. 암탉이 울면 집안이 망하는 거야. 자~알 한다. 자~알 해."

할아버지는 끼니를 끊고 자리에 누웠다. 결국, 부모님이 할아버지께 무릎을 꿇고 용서를 구한 후에 소란이 멈췄다.

어머니는 마음을 터놓을 친구조차 없었다. 같은 연배의 아주머니들이 있었지만, 며느리들이 모여 있는 자체가 용납되지 않았다. 친정인 외가는 이십 리 떨어진, 걸어서 두 시간 거리에 있었다. 엄한 시댁의 맏며느리로서 친정에 간다는 것은 상상조차 할 수 없는 일이었다.

이따금 아버지한테 푸념이라도 하면, 아버지는 무턱대고 화를 내며 어머니의 말을 막았다. 어머니는 힘에 부치는 노동과 마음의 상처로 인해 늘 아팠다. 무릎 관절과 허리통증이 심했다. 어금니가 없어서 음식을 씹지 못하고 삼켰다. 그래서인지 소화불량으로 늘 복통을 호소했다.

초등학교 때까지 부모님과 사 남매가 한방에서 살았다. 아홉 살 때 일이다. 칠흑 같은 밤에 어머니의 고통에 찬 울음으로 인해 잠에서 깼다. 나는 어둠 속에서 저절로 무릎을 꿇고 울면서 기도했다.

"하나님! 부처님! 이 세상에 누구라도 전능하신 분이 계시면, 불쌍하신 어머니의 병을 낫게 해주세요! 불쌍한 어머니를 도와주세요."

고생으로 힘들어하는 어머니의 모습을 보면서도 나는 막심한 불효자였다. 교과서 대금이나 등록금을 제때 내지 못하는 상황이 종종 발생했다. 나는 선생님으로부터 꾸중 듣는 것이 싫어서 학교에 가지 않았다. 어머니는 곧 마련해 주겠다며 달랬지만, 나는 학교 대신 산으로 올라갔다. 어머니가 쫓아오면 곡식이 빼곡하게 심어진 이웃의 논과 밭으로 들어갔다. 아파서 학교에 못 갈 때도 있었지만, 이렇게 결석하는 날이 여러 번 있었다. 초등학교 때는 개근상을 한 번도 타지 못했다.

마을에서 밭에 과일이 없어지거나 농토가 훼손되면, 으레 내가 범인으로 지목되었다. 주민들은 어머니한테 와서 항의했다. 내가 안 그랬다고 말해도, 어머니는 연신 미안하다며 이웃에게 사과할 뿐이었다.

"죄송해요. 다신 그러지 않도록 교육할게요. 화 푸세요."

나는 어머니에게 화를 냈다.

"엄마는 왜 나를 믿지 않아? 대체 누구 편이야?"

내가 화내고 생떼를 부려도 어머니는 모진 말을 하거나 화를 낸 적이 없다. 안쓰러운 표정으로 바라보던 어머니의 그늘진 눈빛을 평생 잊을 수가 없다. 저지른 불효의 티끌만큼도 갚지 못했다. 내가 서른도 되기 전에 부모님은 먼 곳으로 갑자기 떠나셨다. 부모가 돼서 겨우

어머니의 심정을 조금이나마 알겠는데, 용서 구할 기회가 없다. 꿈에서라도 만나고픈 마음이 간절하다.

두 번의 해운대 여행

　퇴근 후 편한 복장으로 갈아입고 거실에 나오니, 현관문 앞에 세 살짜리 딸이 서 있었다. 무릎 높이까지 올라오는 검은색 군화 속에 작디작은 발을 넣고, 머리에는 대위 철제 계급이 달린 얼룩무늬 군용 모자를 썼다. 모자에 덮인 얼굴이 절반만 보였다.

　유치원 때는 겁 없이 미끄럼틀을 거꾸로 탔다. 그네 타기도 어찌나 높이 올라가는지 떨어지진 않을까 아찔했다. 날이 어두워져도 집에 들어오지 않았다. 놀이터에서 친구들과 놀다가 친구 집에 따라가서 저녁까지 먹고 놀았다. 초등학교 2학년 땐 3주째 밀린 구몬학습 과제를 빨리 끝내려는 속셈으로 두 페이지마다 풀칠을 하던 딸이었다.

아내는 아들 뒷바라지에 집중했기 때문에 둘째인 딸에게 집중하는 시간이 적었다. 그래서 딸은 일찍부터 스스로 챙기고, 밖에서 친구들과의 놀이에 재미를 붙였다. 일요일 아침이면 세 사람은 늦잠을 잤다. 유일하게 딸만 일찍 일어나서 교회 예배에 참석했다. 작은 손에 우유와 단팥빵, 초코파이 등을 들고 왔다. 세 사람은 어린 딸이 가져온 빵을 나눠 먹으며 말했다.

"형인이가 우릴 먹여 살리는구나. 고맙다. 하하하"

고등학교 3학년 때 입시 준비로 스트레스가 심한지 짜증을 많이 냈다. 여름방학이 되자 기분전환이라도 시켜주고 싶어서 딸에게 물었다.

"어디 바람이라도 쐬고 오자. 가고 싶은 곳 있니?"

"해운대 바다를 보고 싶어요."

옆에 있던 아내가 말했다.

"거긴 너무 멀어서 안 돼. 넌 수험생이야. 지금 수시 전형 자기소개서도 써야 하잖아."

나는 딸에게 선물을 주고 싶었다.

"2박 3일로 가자. 자기소개서는 부산에 가서 써도 되잖아. 내가 도와줄게"

아내와 딸이 부산 여기저기를 둘러보는 동안 나는 콘도에 남아 딸의 자기소개서를 여러모로 구상했다.

'그동안 딸에게 해준 것이 없는데, 이것이라도 할 수 있어서 좋구나.'

머리는 지끈거렸지만, 기분은 좋았다.

딸은 매사에 성실하고 철저하게 준비했다. 중학교 때 포천에서 서울로 전학 온 후 친구가 없다며 학원에 다녔다. 딱 한 달이 됐을 즈음, 자신에게는 학원이 맞지 않는 것 같다면서 집에서 혼자 공부했다. 다방면에 호기심이 많아 일반 도서와 TV 오락 프로그램들을 즐겨 봤다. 주말이면 재방송들을 몰아서 보며 까르륵까르륵 웃었다. 그런 딸에게 아내는 걱정스럽게 말했다.

"너 고3 맞니?"

그해 12월, 대학 합격자 발표일이 다가오자, 딸은 노심초사했다. 걱정돼서 방에 들어가 눈물을 흘리기도 했다. 처진 기분을 격려하기 위하여.

"너 성적이면 틀림없이 합격이야. 걱정하지 마."

아무리 말해도 위안이 안 되는 모양이었다. 그래서 여행이라도 하면 좋아지려나 싶어서 물었다.

"가보고 싶은 곳 있니?"

"해운대 다시 가고 싶어요. 지난 여름엔 편안한 마음으로 둘러보지 못했어요."

"그래 가자. 출~발."

여행 2일 차에 해운대에서 딸의 Y대 경영학과 합격을 확인했다. 아이는 비로소 환한 미소를 찾았다. 가까운 호프집에 가서 축하 잔을 들었다. 한 해에 두 번이나 여행한 해운대는 평생 잊지 못할 소중한 기억이 되었다.

며칠 후 아내와 딸은 또 걱정했다. 신촌캠퍼스 대신 영종도에서 1학년을 의무적으로 지내야 한다고 실망했다. 괜한 걱정하지 말라고 말했으나 듣는 둥 마는 둥 했다. 해가 바뀌고 딸은 짐을 챙겨서 기숙사에 들어갔다. 다양한 친구를 많이 만나고 함께 지내는 것이 좋단다.

저녁이면 신촌에서 선배들과 어울리고, 밤늦게 영종도 기숙사로 복귀하며, 활기찬 시간을 보내는 딸의 모습을 보니 대견하면서도 한편으론 가슴이 아리다.

김옥순

할머니의 고무신

하얀 거짓말

할머니의 고무신

가끔 할머니 산소를 찾을 때면, 엎드려 절하며 아프지 않게 해달라고 빌 때가 있다. 사실은 속으로 삼키는 말도 많다. 함께 간 동생도 그런가 보다. 동생이 서른 중반쯤 되었을 무렵, 우리는 비밀 아닌 비밀을 나눈 사이가 되었다. 다음은 그때 동생이 해 준 이야기다.

그때 난 십 리가 넘는 길을 걸어서 고등학교에 다녔잖아. 아침을 대충 때우고 울퉁불퉁 신작로를 따라 학교에 가면 벌써 배가 고팠어. 2교시 마치고 도시락을 먹으면 하교 시간이 될 때쯤이면 또 허기가 졌다니까. 학교에서 체육을 두 시간이나 하고 집에 온 날이었어. 등가죽이 배와 붙은 것 같았어. 보리밥에 고추장과 김치 몇 조각을 넣고 밥을 비벼 굴뚝 뒤로 갔지. 숨어서 세 숟가락이나 먹었을까. 어떻게 아셨는지 할머니가 성난 얼굴로 오셨지 뭐야. 바로 앞에서 싸리비를 흔들면서 밥 좀 그만 처먹으라면서 욕을 하시데. 참지 못하고 서럽고 욱하는 마음에 밥그릇을 던지고 나와 버렸어. 눈물 콧물이 얼굴을 덮고도 남았을 거야.

할머니는 왜 맏이인 언니랑 막내한테는 너그러우시면서 나한테는 그렇게 모질게 대하셨나 몰라. 집에서 나오다 보니 댓돌 위에 놓인 할머니의 하얀 고무신이 보였어. 외출할 때만 신는 아끼는 고무신이었지. 홧김에 그 신발이라도 던져 버리려 했는데, 집에다 버릴 수는 없고 서러운 생각에 고무신을 들고 터벅터벅 개울가로 갔어. 두 손으로 물을 떠서 목을 축이고 한참을 울었을 거야. 그리고 할머니를 미워하면서 고무신을 개울물에 버렸어. 돌아서려다가 화도 삭일 겸 떠내려가는 고무신을 바라보다가 조금씩 따라가게 됐어. 거기 개울물은 넓고 바닥도 평평한 편이라 물의 유속이 느린 편이었잖아. 고무신이 떠내려가다 작은 돌에 걸려서 멈추면 나무 막대기로 길을 터 주고 천천히 고무신을 따라갔어. 물을 따라가면서 생각해 봤어.

'우리 집은 왜 이렇게 가난할까, 나는 왜 혼나면서도 몰래 밥을 먹을까. 조금 참았다가 저녁을 먹으면 되는데, 할머니는 왜 나만 미워할까, 집을 나가버릴까?'

이런저런 생각을 하면서 고무신을 따라가다 보니 군데군데 저녁연기가 보여서 집으로 발길을 돌렸어. 그리고 죄짓는 것 같아서 버리려던 고무신을 그냥 챙겨 왔어. 화도 조금 풀리고. 그런데 막상 들고 와서 제자리에 두자니 자존심이 상해서 뒷간 뒤 밭에 버렸어.

　그런데 어느 날 할머니가 장에 간다며 흰 고무신을 찾으시는 거야. 내가 밭에다 버렸으니 온 식구가 나서도 찾을 수 없었지. 그러다 마루 밑에 있던 메리에게 화살이 날아갔지. 그때부터 할머니는 멀쩡한 고무신을 물어다 버렸다고 여긴 메리와, 없는 살림에 하루 네 끼나 먹는다는 이유로 나까지 세트로 미워하셨지. 할머니는 심심하면 메리를 향해 '신발 물어다 버린 놈'이라고 하셨지. 메리는 억울해도 말을 못 하니 눈만 껌벅였고.

　그리고 얼마 후 언니는 결혼하고 난 졸업하면서 몰래 먹던 비빔밥도 끊었지. 할머니도 기력이 떨어지니 잔소리도 줄었어. 그땐 식구가 많아, 가뭄이 들면 무나 메밀을 뿌리기도 하고 장리쌀을 얻어서 버티기도 했던 때였지. 그러니 할머니가 "남들은 세 끼도 못 먹는 집이 많은데, 너는 점심을 두 번이나 먹느냐."고 하실 만도 해. 그 뒤 사실대로 말하려고 몇 번이나 망설이다가 또 혼날까 봐 그만두었어. 그 후로 나만의 비밀이

됐지. 오늘 언니한테 이야기하고 나니까 후련하네.

 그때 동생은 살짝 통통하며 먹성도 좋은 편이었다. 배고픔을 안고 하루에 왕복 두 시간을 걸었으니 얼마나 배가 고팠을까. 동생은 가끔 방문을 잠그고 몰래 먹다가 할머니께 들켜서 체한 적도 있었다. 부모님이 할머니께 그러지 마시라고 당부드려도 소용이 없었다. 1970년대 후반에 있었던 이야기다. 이젠 그때 그랬노라고 털어놓아도 혼내거나 화를 낼 할머니도 부모님도 안 계신다. 동생의 비밀 아닌 비밀 이야기를 듣고 우리는 박수치며 깔깔 웃었다.

하얀 거짓말

27년 전, 화창한 오월 어느 날 오후였다. 덩굴장미꽃 흐드러진 그러나, 그러나 계절만 좋았다. 내겐 잔인한 오월이었다.

온 나라가 IMF 사태로 어수선할 때였다. 버스회사에 체불금을 받으러 다니던 남편이 내게 의논 없이 그 회사를 공동 인수했다. 인수한 버스회사는 몇 개월 만에 부도를 맞았다. 운영자금 부족과 운영 미숙 등으로 두 손을 들고 말았다. 우리는 갑작스러운 일에 멘붕에 빠졌다. 하늘 아래, 지붕 아래 우리 네 식구가 깔린 기분이었다. 참혹한 현실이 바로 앞에 버티고 있었다. 나는 제정신이 아니었고, 남편은 해결해 본다고 집을 나가서 얼굴도 볼 수 없었다. 채무자들과 월급을 받지 못한 기사님들과 그 가족들이 집으로 찾아왔다. 당시 나는 보습학원을 운영

했지만, 해결할 만큼의 큰돈은 없었다. 미안한 마음만 풍선처럼 부풀었다.

부도처리가 되니 통장에 있던 예금을 한 푼도 찾을 수가 없었다. 모든 게 뒤죽박죽 제정신이 아닌 상태였다. 운영자금으로 쓰라고 발행한 가계수표로 인해서 나도 수배가 되었다.

어느 날, 아이들이 다니는 학교 앞길에서 무단횡단을 했다. 뒤에서 경찰관이 호루라기를 불며 "아줌마! 아줌마"를 연거푸 부르는 소리가 들렸다. 경찰을 피해 다니던 때였으니 걸리면 끝이었다. '아~ 어떡하나? 어떡하나…. 뛸 수도 없고.'

내가 잡히면 우리 애들은 어쩌나 싶어 호랑이한테 물려가도 정신을 차려야 된다는 생각이 들었다. 하지만, 나도 모르게 자포자기하는 상태가 되고 말았다. 어느새 경찰관이 다가와서 주민등록번호를 물었다. 순간, 선수를 쳐봐야겠다는 생각이 들었다.

"아저씨 제발 나 좀 잡아가세요."라며 넋두리를 시작했다. 남편이라는 작자는 부도내고 도망갔지, 빚은 산더미지, 죽으려고 해도 새끼 때문에 죽지도 못하고 이러고 있으니 제발 잡아가라고 눈물 콧물 연기를 했다. 매일 뉴스에 IMF 기사가 넘치던 때문이었을까. 뜻밖에도 경찰이 내 어깨를 토닥였다. 온 나라가 IMF로 난리인데 이런 집이 한두 군데냐고 하며 힘내자며 위로를 건넸다. 살면서 자식 키우고 빚 갚으며 살다 보면, 좋은 날이 오지 않겠냐는 말에 나는 엉엉 울고 말았다.

내 나이 마흔셋에 길에서 소리 내어 울었다. 우두커니 우는 나를 내려다보던 경찰이 주머니에서 5,000원을 꺼내더니 어디 가서 국수라도 한 그릇 먹고 힘내라면서 건넸다. 체면이고 뭐고 없었다. 빨리 그 자리를 모면해야 했다. 나는 훌쩍거리며 그 돈을 받아 들고 연신 허리를 굽혀 고맙다는 인사를 하고 그 자리를 벗어났다. 경찰이 안 보이자, 한쪽 길가에 쭈그려 앉아 정신을 차려보니 그야말로 구사일생이 따로 없었다. 지옥에서 살아 돌아온 기분이었다.

오 분쯤 걸었을까. 뒤에서 "엄마!"하고 부르는 아이 목소리가 들려왔다. 얼른 눈가의 눈물을 닦으며 아이 손을 잡고 집에 왔다. 아이는 집으로 오는 길에 연신 내 눈치를 살폈다.

그로부터 20여 년 동안 빚을 갚으며 아등바등 살았다. 그리고 어느 사이 27년이 지났다. 이젠 아이들도 어른이 되었고, 생활이 데려간 젊음은 없어도 편안한 가족이 있다.

정말 힘들었던 그때를 회상할 때가 가끔 있다. 그때, 이름도 직책도 모르는 그 경찰관이 우리 가족을 살려 주었다. 무단횡단으로 걸려서 주민등록번호를 알려주고 처벌을 받았다면, 네 식구의 안위는 어땠을까. 생각하면 아찔하다. 지금은 어디에 계시는지는 모르지만, 그날의 고마움을 평생 잊지 못하고 있다. 그날 이후 서울을 떠나서 인천 둥지로 월세방을 전전하면서도 죄짓지 않고 잘 살아 낸 것은 그분의 베풂과 배려 덕분이라는 생각이 든다. 이 글을 쓰며 다시 한번 그분을 그려 본다.

어느덧 단풍 든 나이가 된 나는 아름다운 퇴장을 준비하고 있다. 파란 하늘에 솜털 구름이 바삐 지나간다. 세월처럼.

김은진

별님들

별님들

내 인생에 따스한 봄볕이 스며들고 있다. 생각이 다른 이들과 같은 곳을 바라보며 글을 쓴다는 이유 하나로 나비의 꿈은 날개를 달고 하늘을 날아다닌다. 나는 내성적인 성향이어서 처음 자리는 항상 힘들었다. 그런데 그분들이 먼저 다가와 주어 특별한 만남으로 이어졌다. 우리는 꿈을 위해 배우는데 게을리하지 않았고 좋은 성과를 거두었다. 눈앞에 결실을 보니 기쁨은 두 배 세 배가 되어 더 열심히 정진하며 글을 쓰고 있다.

젊은 날 만화를 좋아했던 철부지 소녀는 주인공 스토리에 푹 빠져들어 글 속에 생각을 담아내기 시작했다. 누군가의 글에 공감하게 되면 내 이야기인 것처럼 하루가 행복했다. 지금은 동아리라는 타이틀을 갖고 글을 쓰는 회원들과 같은 곳을 바라보며 생각을 공유하고 있다. 일상을 글로 적어 표현하다 보니 지난 날에 비해 두뇌 회전이 빨라졌다. 어제보다 오늘이 더 빛나는 별이 되어 살고 있으니, 이보다 더 좋은 일은 없다.

다른 색깔들이 모여 하나의 아름다운 색이 되어 동행하고 있으니, 이보다 더 행복한 시간은 두 번 다시 오지 않을 것 같다. 별님들과 함께 하는 게 내겐 희망의 물줄기다. 그래서 지금 머무는 곳에서 최선을 다하고 있다. 만날 수 있을 때, 내 앞에 마주한 사람과 마지막이라 생각하고 주옥같은 이 시간을 천천히 서로 교감하는 시간으로 만들고 있다.

좋은 선생님을 만나 글쓰기가 더 많이 늘었다. 선생님은 나를 더 넓은 곳으로 나갈 수 있게 도와주었다. 늘 자상한 가르침으로 글쓰기의 길을 안내해 주는 덕분에 오늘도 별님들과 함께 배움에 갈급했던 심정을 상기하면서 글을 쓰고 있다. 내 인생에 행복한 순간은 지금이다.

인간은 죽을 때까지 배워도 그 배움은 끝이 없다고 한다. 제아무리 학식이 있다고 해도 배우는 것을 게을리하다 보면 다른 이에게 뒤처질 수밖에 없고 두뇌 회전은 더딜 수밖에 없다. 그러니 노력뿐이다.

우리의 시작은 미약했으나 서로의 사정을 이해하고 함께 꿈을 위해 노력하다 보면 더 큰 결실이 우리 곁에 찾아올 것이다. 지금은 개인 사정이 있어 참여하지 못하는 보고 싶은 별님들이 너무 그립다. 함께 모여 밀린 이야기 보따리를 풀고 나누며 행복한 시간을 갖고 싶다. 개성과 성격은 다르지만 서로의 꿈을 위해 멈추지 않고 사랑하는 별님들과 아름다운 글을 공유하며 만남을 계속 이어갔으면 좋겠다.

글쓰기가 부족한 나를 아무 조건 없이 따스한 마음으로 품어준 별님들의 사랑을 피부로 느끼며, 나는 성장하고 있다. 나도, 아프고 속상할 때 함께 할 수 있고 고민을 들어줄 수 있는 좋은 인생 친구이고 싶다. 아무리 생각해도 내 인생에 잊지 못할 가장 좋은 선물은, 별님들을 만나 행복한 여정을 함께 하고 있다는 거다. 별님들을 바라보며 언제나 행복하게 활짝 웃는 해바라기가 되고 싶다는 꿈을 꾸며 오늘도 열심히 펜을 굴려 본다.

귀 파 주세요

 "귀 파 주세요."

"네."

의자 깊숙이 들어앉은 김 여사는 그윽한 눈매로 자신의 얼굴을 바라본다. 김 여사의 주문에 익숙한 듯 실장은 가위를 들고 다가온다. 마리 실장은 오늘 컨디션이 좀 별로지만 김 여사 앞이라서 힘을 내어 미소를 장착한다. 김 여사는 마리 실장의 최애 단골인 S의 어머니이기 때문에 실장에게는 A급 고객 중 한 분이다. 그리고 실장은 김 여사를 볼 때마다 고향에 계신 어머니 생각에 어쩐지 손이 더 가곤 한다.

마리 실장의 집도가 시작된다. 양쪽 귀를 기준으로 뒷머리를 쭉 갈라 올려 집게로 집는다. 귀 앞 구레나룻 머리를 적당히 남기고 귓바퀴를 따라 가위밥을 '샥샥' 멕인다. 귀에서 이어진 머리칼에 맞춰 목선을 가늠하며 뒷머리를 쭈루룩 바리깡으로 올려 깎는다. 바짝 올려 친 상큼한 뒷머리를 다듬다가 어딘가 익숙한 뒤태에 실장은 순간 움찔한다. 엊그제 대판 붙고 헤어지기로 한 그놈의 뒤통수도 딱 이랬다는 생각이 들자, 고개를 좌우로 흔들어 얼른 떨쳐버린다. 그 순간 눈치 빠른 김 여사가 거울 속에서 실장의 눈을 쏘아 본다. 이럴 때 꺼내려고 연마해 둔 실장의 필살기, 활짝 웃는 눈매가 제 몫을 한다.

이제부터는 실장의 가위손이 실력을 발휘하는 시간이다. 먼저 앞머리 길이를 눈썹에 맞춰 자르고 거기에서 이어지도록 옆머리와 뒷머리를 세로로 잡아 한 줌 한 줌 자른다. 이어서 빗과 가위의 현란한 교차 연주가 정수리로부터 시작된다.

'슥 삭 슥 삭'

우수수 떨어지는 머리칼의 잔해에 김 여사는 힘주어 눈을 감는다.

김 여사는 말없이 친절한 마리 실장이 좋다. 이렇게 해달라 저렇게 해달라 주문을 해봤자 말한 대로 해 놓지도 못하면서 자꾸만 물어보는 미용사도 겪어 봤다. 자기에게 맡겨 달라며 자신 있게 주장해 놓고는 진짜 제 맘대로 잘라 놓는 경우도 있었다. 몇 번의 시행착오 끝에 정착하게 된 이 숍의 이름은 SDM이다. 김 여사가 젊은 시절에 잠시 다녔던 명동의 유명 헤어숍과 비슷한 이름이다. 눈을 지그시 감은 김 여사는 그 시절을 추억한다.

처음 숏컷을 하고 종로3가 커피숍에서 미팅을 했다. 그날 만났던 목사 아들이라던 이는 지금 어디서 뭘 하고 살까? 꽤 괜찮았는데, 근데 왜 헤어졌더라? 왜 또 잘랐냐며 내 짧은 머리를 늘 아쉬워하던 그 회사 동료는? 나랑 잘될 수도 있었는데, 맞아, 다른 동료랑 결혼했었지, 잘 늙고 있겠지. 그러다 비 내리는 어느 날에 그를 만났다.

'꾸불렁'

김 여사는 자세를 고쳐 앉는다. 허리가 아픈 김 여사는 힘의 중심을 바꿔 보려 했을 뿐인데 그 덕분에 슬며시 현실로 돌아오고 거울 속엔 그 후 40년을 살아 낸 김 여사가 앉아 있다.

이렇게 가끔 지난 시절이 문득문득 떠오르는 김 여사지만 지난 시절 중 그 어느 시점으로도 다시 가고 싶진 않다. 김 여사에게 과거는 가까스로 건너온 외나무다리 같기 때문이다. 가늘고 길게만 느껴졌던 그 외나무다리를 무사히 함께 건너온 딸과 아들이 기특하고도 감사하다.

마리 실장의 현란한 손길이 막바지에 이른다. 숱가위로 양 옆머리와 정수리를 골고루 훑어내고 전체적인 밸런스를 맞춘다. 마리 실장에게 김 여사의 커트 작업은 대체로 순조롭다. 이것저것 주문이 많지도 않고 머리칼도 손질하기에 무난한 편이다. 그리고 마리 실장은 개인적으로 짧은 머리로 자르는 걸 좋아한다. 아쉬운 점이라면 자기 엄마의 머리칼을 이렇게 해 드리지 못하는 점이랄까. 마리 실장은 S와 김 여사의 모녀 관계가 부럽다. 서로의 프라이버시를 적당한 거리에서 인정하고 배려하는 게 언뜻언뜻 보이기 때문이다. 그리고 시크한 성격의 S는 실장과 통하는 점이 많아서 만날 때마다 기분이 유쾌해진다. 실장도 이번에 집에 내려가면 엄마랑 싸우지 말고 잘 지내고 와야겠다고 결심한다.

 가운을 벗고 일어선 김 여사는 거울에 얼굴을 들이밀고 머리카락을 떼어 낸다. 김 여사의 얼굴엔 언제나처럼 만족한 미소가 피어난다. 동그랗게 잘라낸 라인 한 가운데서 유난히 작은 귀가 돋보인다. 작고도 하얀 김 여사의 귀다. 그 귀를 보며 실장은 엄마의 이석증을 떠올린다.

박근애

빨간 구두
살아내다

빨간 구두

얼마 전, 아빠 생신을 맞아 운동화를 보내드렸다. 그런데 아빠 발에 맞지 않아서 엄마가 신겠다고 한다. 다시 한 치수 큰 거로 보내드리며 두 분이 커플로 신으시라고 했다. 엄마가 무척 고마워하셨다. 나도 두 분께 멋진 선물을 한 것 같아 기뻤다. 운동화를 고르다 보니 어릴 때 엄마가 사주셨던 빨간 구두 생각이 났다.

엄마는 한 손을 다 펼치고 다른 손의 엄지도 하나 펼칠 만큼 자식을 낳았다. 당연히 여섯째가 귀한 아들이다. 난 딸 부잣집 서러운 셋째다. 아빠는 학교 소사였다. 덕분에 사택에 살 수 있었다. 낡은 사택은 두 개의 방과 연탄아궁이가 딸린 부엌이 전부였다. 치매 걸리신 외할머니가 방 하나를 차지했고 여덟 식구는 남은 방에 옹기

종기 모여 갔다. 우리 가족은 너무나도 가난했다. 그래서 엄마는 지독히도 아꼈다. 엄마가 일해주던 부잣집에서 버려진 옷, 가방, 신발 등은 아무 거리낌 없이 우리 가족들의 물건이 되었다. 그러니 난 그동안 새 물건을 가져본 적이 없었다.

내가 초등학교 입학을 앞둔 어느 날, 엄마가 시장에 가자고 했다. 나만 맛있는 간식을 얻어먹을 수 있어 신이 나 쫓아갔다. 하지만, 엄마는 내게 사탕 하나 사주고는 시장 중앙에 멀뚱히 세워 놓고는 사라졌다. 그러고는 장 봐온 검은 봉지를 내 발 앞에 하나씩 쌓아 놓고 사라지며 다시 오길 반복했다. 긴 시간 보초를 서고 나서야 엄마가 내 옆으로 왔다. 속상했지만 얼굴을 보니 반가웠다.

엄마는 보상이라도 하듯 신발 가게로 날 데려갔다. 마음에 드는 것을 골라보라고 했다. 벅찬 마음으로 수많은 새 신발을 천천히 살펴보았다. 오랜 시간을 고민하다가 반짝반짝 투명한 큰 보석이 가운데 박힌 빨간 구두를 골랐다. 내 보물 일호가 된 빨간 구두. 집에 있었던 언니들과 동생들은 내 빨간 구두를 무척이나 부러워했다. 그 모습에 더욱더 기분이 좋았다.

드디어 학교 가는 첫날, 설레는 마음으로 빨간 체크무늬 원피스를 입고 하얀 스타킹 위에 빨간 구두를 신었다. 입학식은 정신없이 금방 지났고 집에 돌아갈 시간이 되었다. 무심코 신발장에서 실내화 가방을 꺼냈다. 그런데 가방 안이 텅 비어있었다. 빨간 구두가 없어졌다. 절망스러웠다. 가만히 서서 줄줄 흐르는 눈물만 닦아냈다. 우는 날 보고 놀란 선생님이 구두를 찾아 나섰다. 뒤늦게 구두가 사라진 걸 안 엄마도 학교 안을 샅샅이 다 뒤졌다. 내 빨간 구두는 보이지 않았다.

우리는 말없이 터덜터덜 집으로 걸어갔다. 얼마나 걸었을까. 엄마가 고개 숙이고 있던 내게 풀빵을 사주었다. 엄마는 고소한 냄새가 나는 풀빵 봉지를 건네며 나 혼자 다 먹으라고 했다. 금세 입안 가득 달콤한 팥이 씹혔다. 속상한 마음이 조금, 아주 조금 풀어졌다.

막내가 아침에 서두르더니 안경을 집에 두고 학교에

가버렸다. 수업 시작 전에 주려고 아이 반 교실 3층까지 두 계단씩 성큼성큼 뛰었다. 숨이 찼다. 그런데, 그 와중에도 교실 문 옆 신발장에 시선이 갔다. 번호 3번, 익숙한 실내화 가방이 보여 속을 확인했다. 아이의 분홍 구두가 얌전히 들어있다. 내 빨간 구두 생각이 났나 보다. 다행히 아이의 분홍 구두는 도망가지 않고 가방 속에서 반짝반짝 빛났다.

살아내다

결혼 후 친정에 가면 꼭 하는 일이 있다. 새벽에 여자들끼리 목욕탕 가기. 이번 명절에도 엄마는 어김없이 곤히 잠든 딸들을 깨웠다. 긴 패딩 안에 대충 옷을 껴입고 목욕탕에 갔다. 올해는 부스럭 소리에 깬 딸도 따라나섰다. 목욕탕 주인이 작은 창문에 얼굴을 빼꼼히 내밀고 손녀가 할머니 닮았다고 했다. 내 딸 입꼬리가 슬며시 올라갔다.

엄마는 탕에 들어가기 전부터 보는 사람마다 반갑게 아는 체하며 우리를 소개했다. 알몸이라 민망했지만, 웃는 얼굴로 최대한 공손히 인사했다. 어느새 우리 목욕 바구니는 우유, 비타500, 캔 음료, 요구르트로 가득 찼다. 딸들과 손녀에 대한 그들의 반가움의 표시다.

"우리 엄마 목욕탕에서 인기쟁이네."

"사람들이 다 날 좋아해. 내가 점잖아서 다들 언니라 부르며 잘해줘. 근데 이거 받으면 다시 갚아야 하는데 뭐 이리 많이 줬대…."

앓는 소리를 냈지만, 기분 좋은 얼굴은 숨길 수 없었다. 엄마의 낙은 매일 사우나에서 친구들과 화투 치고 수다 떠는 것이다. 그곳에서 여섯 자식 시집, 장가 다 보내고 손주도 열세 명이라고 하면 모두 놀라며 부러워한다고 했다. 자식들은 언제나 엄마의 전부였다.

목욕탕에 가면 등은 항상 엄마에게 맡긴다. 내 등은 유별나 엄마에게 맡겨야 더 개운하다. 아프다고 괜한 엄살을 피우며 난 다시 어린아이가 된다. 엄마도 어린아이로 돌아가고 싶을 때가 있을까. 오래전 들었던 넋두리 같은 엄마의 슬픈 이야기가 떠올랐다.

내 고향은 금봉리라는 작은 산골 마을이야. 초등학교 1학년 2학기 때였을 거야. 교과서까지 받아놨는데, 아버지 노름빚을 갚아야 해서 집에서 멀리 떨어진 곳으로 식모살이하러 갔어. 그런데 너무 힘들었어. 집에 못 가면 죽어버린다는 편지를 몇

통 보내고서야 집으로 돌아올 수 있었지. 그런데 집에 돌아가고 얼마 뒤, 이번엔 큰오빠 뒷바라지를 위해 다시 식모살이하러 가야 했지. 그런 생활이 18년째 되던 해일 거야. 아버지가 얼굴 한번 보지 못한 남자와 결혼시킨 게. 사진관에서 처음 만나 바로 결혼사진 한 장 찍고 낯선 남자와 함께 살았지. 그게 지금 너의 아빠야. 내가 결혼하고 얼마 되지 않아 아버지는 엄동설한에 술에 취해 논두렁으로 굴러 그대로 돌아가셨어. 엄마는 젊은 나이에 치매에 걸리셨지. 엄마는 내가 모셨어. 귀하게 키운 큰아들 집이 아닌 우리 집에서 돌아가셨는데, 그때 난 울지 않았어.

엄마는 항상 무덤덤하게 이야기했다. 하지만 내가 가늠할 수 없는 엄마의 어린 시절을 상상하는 것만으로도 가슴이 먹먹하다. 훌륭하게 살아내어 내 엄마가 되어 준 것이 그저 고마울 따름이다.

엄마는 자식들에게 한 번도 큰 소리로 야단치지 않았다. 자식들이 결정하고 해나가는 일에 절대 반대한 적도 없었다. 난 너무 무관심하게 느껴져 서운할 때도 있었다. 하지만 덕분에 우리 모두 잘 성장하여 어른이 될 수 있었다. 아이들을 키워보니 미덥지 않은 자식 야단치지 않고 가만히 지켜봐 주는 것이 얼마나 어려운 일인지를 알겠다.

집으로 돌아오는 날, 엄마는 김치며 반찬들을 바리바리 챙겨 우리 차에 가득 실어주셨다. 나는 차창을 내리고 우뚝 서 있는 엄마가 보이지 않을 때까지 계속 손을 흔들었다.

윤백경

취미생활과 공간

겨울의 단상

흰빛으로 새해를 보는 마음

취미생활과 공간

　나의 첫 번째 에세이집 《그럼에도 불구하고 사랑》(필명 윤백경 지음)에 〈글 쓰는 여자들의 공간〉과 〈즐거운 나의 집〉두 꼭지는 여성들의 공간에 관한 글이다.

　생각해 보면 사람이 사는 일 자체가 공간 싸움이 아니던가? 만나면 몇 평에 사냐부터 질문하고 형제가 많은 경우 큰 방을 차지하는 사람이 기득권에서 우위를 차지한다.

　〈취미생활과 공간〉이라고 제목을 정하고 나니 생각나는 일이 있다. 2019년에 아는 사람이 하나도 없는 곳으로 이사를 오고 나서 막막함에 빠졌다. 때마침 코로나까지 터져서 집 밖으로 나가는 것조차 금기시되던 시절이었다. 소일거리 삼아 시작한 작업이 유튜브로 바느질 배우기였다. 덜컥 재봉틀부터 샀다. 유튜브에서 보는 옷감들의 화려한 색감과 정교한 바느질은 나의 혼을 빼앗았다. 동탄 롯데 아울렛 안에 중고 서점 YES 24가 있었다. 예전에는 한국 단편 소설집 등을 보았을 내가 당시에는 바느질을 다룬 책을 샀다. 지금도 집에 있는 그 책 이름은 《바느질 A to Z》이다.

그리고 재봉틀 욕심과 옷감 욕심, 디자인 욕심은 새로운 화를 불렀다. 밴드 등을 통해서 재봉틀을 추가 구매했다. 그것도 부족하게 느껴져서 오바로크 전용 재봉틀도 사서 모두 세 대의 재봉틀을 보유하게 되었다. 옷감도 밴드에서 저렴하게 판다는 걸 알고서 마구 사들였다. 옷감을 담은 묵직한 택배는 그대로 짐으로 바뀌어서 안방 베란다에 쌓여갔다.

이제 조금 알겠다. 정리한다는 것은 떠나보낸다는 것 갖고 싶은 모든 걸 가질 수는 없다. 배우자도 한 사람만 선택해야 한다. 옷과 장식에 얽매이는 사람이 아닌 존재 자체로 빛이 나는 사람이 되어야지.

어떤 디자인과 색채로 빛나기보다는 자체 발광의 매력으로 빛이 나고 싶다. 모두 그 빛만 쬐어도 행복할 수 있도록.

겨울의 단상

겨울비가 내린다. 아들을 따라 일 보러 가는 곳에 함께 탑승했다. 앞 유리로 떨어지는 겨울비는 어느새 진눈깨비로 변해서 눈앞을 어지럽힌다. '이 겨울도 곧 끝나겠구나' 생각하니 비로소 한 계절에 대한 마무리의 의미가 사무친다. 봄, 여름, 가을, 겨울. 그중에 겨울은 맨 끝에 위치해서 더 애잔함을 주는지도 모르겠다.

요즘 들어서 부쩍 나이 듦에 대한 사유가 많아졌다. 버스정류장에서 초등 일 학년 정도의 꼬마가 '할머니'라고 부른 일이 계기가 되었을지도 모른다. 하긴 벌써 할머니가 된 친구도 있으니 아주 틀린 말은 아니다.

동심 적 상상력이 있다면 겨울은 자신을 어떻게 생각할까 하는 궁금함도 가져본다. 흔히 인생 후반을 가을에 비유한다. 황혼에 비기기도 한다. 모두 눈이 부신 붉음과 황금빛 축제다. 그에 비해 겨울은 쓸쓸하기 그지없다. 더는 남은 시간이 없기 때문이다.

시한부 선고를 받은 암 환자는 남은 시간을 어떻게 쓸까. 나이가 나이니만큼 주위에서 부모님을 잘 보내드리는 일에 대한 이야기가 오간다. 인생 2막에 '죽음학'을 공부하고 호스피스 병동 봉사를 하시는 분들도 있다.

문득 떠오르는 암 환자 한 분이 계신다. 일산이라는 곳에 살았다. 일산은 지명도 아름답지만, 그곳에 있는 풍경과 사람들도 품위가 있다. 지금 가보면 조금씩 낡아가기는 하지만, 1기 신도시로서 자존심이 살아있다.

아람누리란 곳이 있었다. 지역에서 운영하는 곳이다. 도서관과 붙어있어 자주 지나갔다. '박상우 소설 교실 운영'. 들어본 적이 있는 유명 작가의 이름과 소설이라는 명사에 눈이 따악 박혔다. "바로 이거란 말이지."

과거에 작가를 꿈꾸지 않은 인생이 어디 있으랴. 바로 등록했다. 강사 선생님은 내 인생 두 번쯤 본 작가였다. 하늘로 가신 소설가 김문수 선생님은 지금까지도 마음속에 살아계신 참 스승님이시다. 박 작가님의 첫인상은 곰

돌이 푸 정도 되는 푸근함이 먼저였다. 하지만 입을 여시면 작가 특유의 예민함과 섬세함이 감지되었다.

첫 시간인 자기소개 시간이었다. 각자 여기 오게 된 계기 등을 말하는 시간이었다. 머리에 비니 형식의 털모자를 쓰신 분이 일어서서 말씀하셨다.

"저는 암 환자입니다. 마지막 남은 시간을 소중하게 쓰고 싶어서 이곳에 왔습니다." 그녀와 데이트를 몇 번 했다. 내 시집이 보고 싶다고 해서 드리기도 했고, 답례로 국수를 얻어먹기도 했다. 그리고 나는 그녀를 잊었다. 그리고 어느 날 휴대전화기 액정에 푸르르 뜬 익숙한 이름 하나가 가슴을 덜컥 내려앉게 했다.

"○○○님, 금일 소천 하셨습니다."

마지막 강의인지도 모르고 강의를 끝낸 시간강사. 마지막 겨울인지도 모르고 삶을 마감하는 사람들. 마지막 시간이 언제인지도 모르고 가족들의 비밀 아래 숨겨간 암 환자. 모두 아쉽기는 마찬가지. '죽음학'에서는 환자 본인에게 최후의 시간임을 알려주어 본인이 자신의 마지막을 정리하라고 말한다.

한 번뿐인 인생. 자신이 스스로 주변을 정리할 시간은 필수이므로.

흰빛으로 새해를 보는 마음

한강 작가의 《흰》을 살펴본다. 에세이와 소설의 경계를 허무는 작품이다. 사진이 소설 작품에 많은 힘을 실어주고 있다.

입속으로 가만히 '흰'을 '휜'이라고 읽어본다. 휘어진 하얀 길의 이미지도 생각해 본다. 내가 수년 전 냈던 작품집이 《밤이면 거꾸로 돌아오는 흰 길》이었다. 밤에 혼자서 돌아오는 길은 희게 느껴진다. 어두우면 어두울수록 흰색은 빛을 발한다.

다시 《흰》을 살펴본다. 몇 장을 펼치고 작가가 흰색의 목록으로 정한 강보, 배내옷, 소금, 눈, 얼음, 달, 쌀, 파도, 백목련, 흰 새, 하얀 웃음, 백지, 흰 개, 백발, 수의 등을 눈으로 본다. 그러고 보니 요람에서 무덤까지 사람은 흰색을 벗어나지 않는다. 모두가 아름다운 이미지가 눈에 떠오른다.

평소에 흰색을 기피하는 내 마음도 짚어본다. 저장 강박이 있는 편이면서도 흰색 패딩과 흰색 재킷은 한 번도 내 손으로 산 적이 없다. 중·고교 시절 흰색 상의는 얼마나 여학생들을 옥죄이는 의복이었던지. 흰색을 더욱 깔끔하게 유지하고 싶어서 스테인리스 대야에 파란 잉크를 몇 방울 떨어뜨러서 쨍하게 흰 빛을 유지하려 한 기억도 선명하다.

거의 많은 중대한 의식에는 흰빛이 많이 등장한다. 망자의 몸을 싸는 천도 흰빛이고 천주교 신부님의 옷도 흰빛이다. 장례식장에 전달하는 줄지어 선 화환도 흰색이다. 천사의 옷도 흰색이다. 식장을 들어서는 신부의 옷도 흰빛이다. 여학생들의 교복 상의도 흰색이 많다. 벽지는 80퍼센트 이상이 흰색이어야 한다. 그래야 넓게 보이는 효과가 있다고 한다.

흰색 에코백을 받아오면 섬유 염색약으로 기어이 염색해 버리고 만다. 그 결과는 대부분이 참담하지만, 염색하면서 느낀 점은 흰색은 많은 가능성이 있기 때문에 기본

색상이라는 생각이 든다.

사실 흰색은 무채색이라 색의 기본 중의 기본이다. 흰색 기피의 성향은 무언가를 채워야 직성이 풀리는 나의 저장 강박의 일환인지도 모른다.

새해이고 겨울이다. 우리나라는 새해가 두 번이라 더 푸근한 인정을 느낄 수 있는 듯하다. 작년 크리스마스이브에도 그렇더니 여행을 할 때면 아직 녹지 않은 눈들이 시야를 정화시킨다. 눈은 모든 걸 덮는다는 의미도 있다. 시인 고은은 지인의 장례식에 들른 마을에서 시 〈문의 마을에 가서〉를 썼다. 시의 마지막 구절에 '이 세상에 눈이 내리고/아무리 돌을 던져도 죽음에 맞지 않는다/겨울 문의여. 눈이 죽음을 덮고 또 무엇을 덮겠느냐.'라고 노래했다. 해석의 다양함이 있을 수 있으나 죽음의 숙명성과 함께 삶과 죽음이 하나라는 인식에 도달한 것으로 보인다. 올해도 흰빛을 또 많이 볼 모양이다. 봐도 못본 척 허물도 모른 척 감싸며 살라는 조물주의 뜻으로 생각하며 눈부신 흰빛에 미소를 지어본다.

얘는 누구니

어느새 3월이 되었다. 만물이 생동하는 봄이 훌쩍 다가와 봄 냄새가 스멀스멀 콧등을 스치기 시작하면 겨울 동안 쌓인 먼지를 털어내고 새로운 활력을 얻기 위해 연례행사처럼 봄맞이 대청소를 시작한다. 그동안 추위를 핑계로 창문을 꼭꼭 닫고 미세먼지가 무서워 환기도 잘 안 해서 집 구석구석 누룽지처럼 잔뜩 눌어붙어 있는 묵은 때가 손길을 많이 가게 한다. 남편에게 거실 쪽 청소를 부탁하고 나는 잔손이 많이 가는 부엌과 방을 하기로 하였다.

부엌은 저녁을 준비하면서 짬짬이 할 요량으로 작은방부터 시작하였다. 작은 방에는 그동안 읽다 만 책들과 두 아이가 자라면서 읽었던 책, 두 아이의 역사가 고스란히 담긴 앨범, 일기장 등이 있다. 무엇보다 우리 부부가 살아온 세월의 흔적들을 더듬어 가게 만들어 주는 물건들이 있는 방이다.

창문을 활짝 열고 청소를 시작하니 먼지는 왜 이리 많이 쌓여 있는지, 나의 게으름이 그대로 드러난다. 책 사이사이에는 입으로 불어도 날아갈 정도로 먼지가 많이 쌓여 있다. 켜켜이 쌓인 먼지를 터는데 앨범 속에서 사진 몇 장이 툭툭, 떨어진다. 작년에 친정엄마가 우리 집에 왔을 때 앨범을 꺼내 사진을 들쳐 보면서 옛 추억을 떠올리며 감회가 새로웠던 사진들이다. 그런데 떨어진 사진 중에 우리 세 자매가 이쁘게 단장하고 나란히 찍은 사진이 있다. 엄마는 사진 속 나를 가리키며 "얘는 누구니?." 하고 물어봤다. "엄마 이거 나야 나." "아닌데…. 너 아닌 것 같은데…. 왜 이리 늙었어?" 하며 하하, 호호, 웃었다. 그리고 계속 의아한 표정으로 고개를 갸우뚱했었다.

우리 세 자매는 세 살 터울로 그중에 내가 맏이다. 열 살 때 아버지를 여의고, 위로는 오빠만 둘이었기 때문에 여자 자매 중에는 내가 맏이다. 두 동생을 많이 돌봐주며 빨리 철이 들어서인지 동생들과 다르게 확연히 나이 들어 보였다. 마치 엄마와 딸처럼. 그렇게 동생들을 잘 돌봐준 덕에 엄마는 농사일을 수월하게 할 수 있었다고 칭찬하고, 한편으로는 내게 늘 미안해하였다. 그런데 이제는 동생과 함께 찍은 사진 속 큰딸을 못 알아본다. 못 알아본 엄마 마음은 오죽 속상했을까 짐작해 본다.

  사진은 사람들에게 잃어버린 시간을 되찾아 주는 기쁨을 주기도 하지만 애잔한 마음도 갖게 한다. 우리가 잃어버린 것이 비단 과거의 추억뿐이 아니다. 지금은 사진 찍기에 익숙한 데다 컬러사진이다. 옛날에 찍은 흑백사진을 보면 마치 성이 나 있는 것처럼 사진에 익숙지 않아 찡그린 모습들이다. 사진은 인생의 훈장을 얼굴 여기저기에서 발견할 수 있다. 인생을 잘 살아온 사람들의 얼굴에 자리한 주름도 우여곡절이 있음을 보여주는 나이테이다.

  어디 청춘만 아름다운가. 중년의 아름다움도 있고 편안하게 나이 드는 노년의 아름다움도 있다. 어쩌면 아름다움은 따로 있는 것이 아닌 아름다운 사람이 걷는 길이

기에 그 길까지 아름다워지는 것이 아닐까 한다. 비록 사진은 빛이 바래더라도 우리 마음속에 아름다운 추억으로 남아 있다. 그런 사진이지만 친정엄마가 "얘는 누구니?"라고 했던 사진 속의 나를 보면 너무 아득한 먼 곳으로 밀어내어 버린 것만 같아 속이 상했다. 켜켜이 쌓여온 추억이 해일처럼 밀려와 내 눈가에 눈물로 맺힌다. 파도에 씻기고 씻겨 수많은 세월의 흔적을 남긴 둥근 몽돌처럼 모나지 않는 그런 세상 속의 내가 되고 싶다.

드디어 청소를 마쳤다. 집안 곳곳을 청소하니 나도 행복하고 물건도 행복해 보인다. 깨끗하게 청소한 거실에서. 우리 부부는 엄마가 말한 사진을 보며 "얘는 누구니?" 시절의 이야기꽃을 피웠다. 집마다 환하게 새어 나오는 초저녁 불빛의 평안함을 보며 저녁을 맞이했다. 작은 색색의 조각들이 모여 이쁜 식탁보가 되어주듯 지나온 사진들이 그렇다. 대청소 덕분에 내 노년에 켜켜이 쌓아 올린 추억으로 두고두고 곁에 남아 있을 사진들을 다시 본 날이다.

잠보

요즘 들어 며느리의 볼멘소리를 자주 듣는다. 손주 녀석이 아빠를 닮아 잠이 어찌나 많은지 모르겠다며, 아침마다 깨워서 유치원 보내느라 전쟁 아닌 전쟁을 치른다고 한다.

'피는 못 속인다.'라는 말이 있다.

아들이 나를 닮아 잠이 많은데, 손주도 내 아들을 닮아 잠이 많아도 너무 많은가 보다. 그렇다면 미래에 태어날 손주의 아이도 잠이 많을 것이 뻔하다. 애당초 조상의 유전자가 잠이 많은 사람이 있었나 보다. 그 잠 많은 조상의 유전자를 고스란히 물려받은 손주의 할머니인 내가 잠보였다는 사실을 며느리는 모른다. 며느리의 손주 녀석이 잠이 많다는 볼멘소리를 들으니 괜스레 미안해진다.

며느리가 아들과 결혼할 즈음에는 잠이 점차 내 곁에서 멀어져가고 있었던 때다. 가끔 오는 며느리 앞에서 부지런한 모습만 보여줬기에 부지런한 시어머니로 알고 있었을 거다. 단 한 번도 시어머니가 잠을 많이 자는 모습을 본 적이 없기 때문에 며느리는 내가 잠이 많았다는 사실을 까맣게 모르고 있다. 그래서 일부러 내가 젊었을 적에 잠이 많았다는 사실을 말하고 싶지 않다.

잠 이야기가 나오니 동생들과 함께 크면서 겪은 잠에 대한 추억이 새록새록 떠오른다. 바쁜 엄마 대신 내가 두 동생을 돌봐야 했다. 그런데 내가 잠이 많다 보니 잠 때문에 학교에 지각하는 일이 가끔 있었다. 한창 바쁜 농사철에 엄마는 일손이 부족해서 새벽부터 들에 나가 두 세배로 더 일을 해야 했다. 그러니 자식들 학교 보내는 일도 중요했겠지만, 제 시기에 하지 못하면 일 년 농사를 망치기 때문에 엄마는 농사철에는 열 일을 제치고 농사일을 더 최우선으로 생각했다. 그래서 철이 빨리 든 나를 믿고 동생들을 맡겼다.

그날은 모내기하는 날이었다. 엄마는 새벽부터 들에 나가면서 시간 맞춰 일어나 동생들과 함께 학교에 갈 것을 당부했다. 나는 엄마 말을 잠결에 들으며 대답해 놓고 무거운 눈꺼풀을 이기지 못해 잠깐만 자고 일어날 요량으로 베개를 다시 끌어 안았다. 그리고 긴 잠에 빠져 엄마가 새참을 가지러 올 때까지, 그야말로 해가 중천에 뜰 때까지 자고 있었다.

"해가 중천에 이르렀는데…. 어째 여태 자고 있느냐. 얼른 일어나거라." 엄마의 고함에 놀라 벌떡 일어나보니 시곗바늘이 열 시를 가리키고 있었다. "아뿔싸!" 벌써 1교시가 끝나가고 있을 때다. 동생과 나는 고양이 세수를 하고 아침은 먹는 둥 마는 둥 하고 허겁지겁 학교로 달려갔다.

그렇게 젊었을 적에는 잠이 모자라 잠 때문에 허둥대며 보낸 일이 참 많았다. 어느새 시간이 흘러 뒤돌아보니 아련한 추억으로 남았다. 엄마, 오빠가 잠보라고 불렀던 소리마저 아름다운 하모니로 남아있다.

엄마나 오빠가 잠보라고 불렀던 것과는 다르게 남편이 잠보라고 부르면 왜 그리 싫은지. 정말 싫었다. 왠지 잠보란 어감 자체가 나를 무시하고 낮게 보는 것 같고, 놀리는 것 같아 잠보란 소리를 하지 말라며 말다툼까지 하는 일이 있었다.

 내가 아는 잠보란 말은 '잠이 많다.'는 뜻으로만 알고 있어서 정확한 뜻을 알기 위하여 사전을 찾아봤다. '잠이 아주 많은 사람을 낮잡아 이르는 말.' 여기서 낮잡아는 '제값보다 낮게 치다.'라는 말이다. 잠보란 말이 그냥 '잠이 많다'란 말과는 다른 느낌이 든다. 부부는 누가 높고 낮지 않다. 그러니 동등한 입장에서 서로 존중하고, 예를 지키며, 말 한마디 한마디 조심하며 살아야 한다. 남편이 나를 낮게 대하면 주변 사람들도 함께 낮게 볼 수도 있으니, 부부가 서로 존중해야 한다는 생각이다. 남편도 내 말을 듣고 잠보라고 부르지 않아서 잠보란 말은 서서히 잊히고 있었다.

 신혼 초에 남편은 장모님한테 내가 잠이 많다는 말을 익히 들어 알고 있었다. 나도 내 나름대로 시어머니와 함께 살아서 잠 때문에 실수하는 일이 일어나지 않도록 온통 신경을 곤두세우고 살았다. 그런데 조금만 제시간에 일어나지 않으면 남편은 "잠보! 잠보!" 하며 연신 놀리곤 했다. 시어머니도 내가 잠이 많다는 것을 눈치채고 어느 날부터 우렁각시처럼 내가 일어나기 전에 아침을 준비해 놓기도 하셨다. 심지어 임신하여 입덧이 심해지자, 애를 갖게 되면 잠이 많아진다고 하면서 잠 많은 나를 더 자도록 배려해 주셨다. 지금 생각하면 얼굴을 들 수 없을 정도로 너무 부끄럽고 죄송한 일이었다.

'일찍 일어나는 새가 벌레를 잡아먹는다.'라는 말이 있다. 시어머니보다 일찍 일어나 아침도 준비하고, 그날 무엇을 할 것인지 점검하며, 부지런한 며느리가 되고자 노력은 했지만, 무거운 눈꺼풀은 나를 참 많이도 괴롭혔다. 그 괴로웠던 잠도 육십여 년의 세월이 흐르니 서서히 항복하기 시작한다. 잠보란 소리도 내 귓전에서 멀어져 가고 이젠 새로운 이름 불면증이란 놈이 친구 하자며 이불 속으로 파고든다. 이놈은 친하게 대하지도 않는데, 눈치도 없어 시도 때도 없이 이불 속으로 먼저 와 자리 잡고 누워있다. 불면증이 심할 때는 차라리 잠보란 소리가 그립다.

    우리 인간의 삶은 동전의 양면 같다더니 어느 한 면이 좋고 나쁜 게 없다. 껌딱지처럼 눌어붙어 떨어지지 않는 불면증이란 놈도, 지긋지긋하게 무거웠던 눈꺼풀도 이제는 함께 친구 하며 살아야 할 나이가 되었다.

취미생활이 뭐야

🌿 2023년 11월 23일. 화성 남부노인복지관에서 〈우리의 멋 예술제〉가 열렸다. 복지관에서 배우고 익힌 작품 전시와 발표회가 진행됐다. 복지관 1층 현관과 각 교실 앞에 수강생들이 만든 작품을 전시했다. 사진, 붓글씨, 종이접기, 수채화 등 다양한 재능, 실력이 잘 드러난 작품이었다. 보는 사람들은 물론 참여하신 어르신들도 모두 즐거워하는 모습에 덩달아 즐겁고 흐뭇했다.

복도 한쪽에 한글 문예반에서 전시해 놓은 작품이 눈에 띄었다. 이제 막 한글을 깨친 어르신들의 작품이다. 글 앞에서 가슴이 뭉클해진다. 그동안 얼마나 배움에 목말라했을지 알 수 있는, 재간이 잔뜩 묻어나는 작품들이었다. 글씨체가 비록 삐뚤긴 하지만 정성 들여 써 놓은 작품은 보고만 있어도 행복해졌다. 순수한 글귀와 글솜

씨, 예쁜 액자에 담긴 시, 수필, 그림 등이 수준급 작품 못지않아 놀랐다. 정말 어르신들의 솜씨가 맞나 의심이 갈 정도다.

드디어 프로그램 공연 발표 시작이다. 공연은 모두 열 팀이 준비했다. 라인댄스가 첫 팀이었는데, 예쁜 춤사위로 강당에 모인 어르신들 눈을 휘둥그레하게 만들었다. 아름다운 화음의 선두 주자인 하모니카로 〈오빠 생각〉과 〈내 나이가 어때서〉의 멜로디는 귓가를 간지럽혔다. 댄스의 꽃이라고 불릴 정도로 현란하고 아름다운 자태를 뽐내는 스포츠댄스, 이어 인문학에서 배운 두 어르신이 주고받는 콩트는 60~70년대 유명했던 장소팔·고춘자의 만담보다 더 깨소금 같은 맛을 선사해 줬다.

이어 남자 어르신들의 체조 시간, 신나는 음악이 경쾌하게 울려 퍼지자 강당 안의 모든 어르신도 함께, 몸을 움직이며 즐거움의 도가니에 빠지자, 열정 넘치는 퍼포먼스까지 보여준다. 다른 팀들도 한껏 멋을 부린 모습으로 배운 실력을 마음껏 발휘하여 강당에 모인 어르신들에게 즐겁고 행복한 시간여행을 만들어 줬다.

예술제의 하이라이트는 내가 참여한 한국무용이었다. 화려한 무대화장과 한복 의상에 꽃까지 들고 무대에 오르니 환호와 함께 대강당이 떠나갈 듯한 박수가 쏟아졌다. 무대에 처음 서보는 나는 너무 긴장하여 무용하는 동안 시간이 어떻게 흘러갔는지도 기억이 나질 않는다.

가끔 "취미가 뭐야?"라는 질문을 하거나 받기도 한다. 그럴 때마다 특별히 좋아하는 취미 생활이 떠오르지 않았다. 아니 떠오르지 않았던 것이 아니라 할 수가 없었다. 젊어서는 내 가족 내 새끼 잘 먹이고 잘 입히고 잘 가르치고 싶다는 일념에 취미를 잊고 살았기 때문이다. 그러다 보니 단순히 TV 보는 것이 유일한 여가였고 취미였다. 그러다가 사회변동에 따른 변화로 정부에서 노인복지에 대한 관심이 커지면서 노인복지관이 만들어지기 시작하였다. 인구노령화에 따라 노인의 삶을 안녕의 상태로 만들기 위한 정책으로 노인 문제를 개인과 가족의 문제만이 아니라 사회문제로 인식하기 시작하면서부터다. 노인복지관에 다양한 프로그램과 서비스가 제공되어 참여할 기회가 많아졌다. 복지관 프로그램은 어르신들한테

맞게 설계되어 있어서 활발하게 참여할 수 있고 사회와의 연결고리 역할까지 가능하여 여러 가지로 유익하다. 또한 프로그램을 통하여 삶의 여유와 만족을 얻을 수 있다. 다양한 문화 행사와 활동을 통해 소통함으로써 노후의 삶의 질을 향상시킨다. 거기다 자신감과 자아존중감을 회복할 수도 있다.

현대 사회는 가족 기능의 변화로 인하여 핵가족화되어 가고 있다. 노년기의 삶은 소외감이 증가하는 한편, 경제성장으로 소득수준이 향상되고 웰빙 열풍으로 건강한 노후생활을 원한다. 은퇴 후 취미 활동을 통하여 여가를 즐기려는 관심이 점점 높아지고 있다. 노년기에 여가 생활도 열정적으로 실천할 때 남다른 즐거움이 돌아온다. 즐길 수 있는 분야를 선택하여 취미와 여가 활동에 재미를 붙이는 것은 노년기의 건강에 활력과 행복을 찾아준다.

오늘 직접 참여해보니, 즐거운 인생, 행복한 노후를 위해 더 많은 사람이 노인복지관의 다양한 프로그램에 참여하면 좋겠다. 새로운 취미 생활을 발견하여 자신의 관심사에 도전하여 배움에 길을 걷고 자신을 발전시킬 수 있기를 바라는 마음이다.

이강숙

융건릉에서

융건릉에서

목요일, 융건릉 산책이 나에게는 아주 잠깐이지만 일종의 도피였다.

병원에 입원한 89세의 엄마는 양손이 침상에 묶인 채 오로지 우리만 기다린다. 그런 엄마를 두고도 나는 직장을 다닌다. 또 아무렇지 않은 척 다가올 주말의 빡센 일정을 소화해야 한다. 이상한 일이 아닐 수 없다. 엄마의 세상과는 무관한 감정으로 다른 세상을 살아야 한다. '이상하지 않은가?'라고 생각해 보기도 하지만, 내가 엄마를 대신할 수도 없고 같이 있어 줄 수도 없다. 때마침 융건릉에 가야 하는 이 스케줄은 그런 의미에서 그저 고마울 따름이었다. 무엇을 의도적으로 피하는 것이 아니라 어쩔 수 없이 짜인 시간 속으로 내뺄 수 있다니 정당하다

못해 달콤하기까지 하다. 한쪽 구석에 처박힌 내 마음처럼 하늘은 잔뜩 찌푸려 있다. 그것마저 고마웠다. 우산까지 있어서 마음을 감추기는 딱 좋은 날씨다.

융건릉 주차장에 도착하자 마침내 비가 흩뿌리기 시작했다. '호모스크립투스' 멤버들 두서넛이 융건릉 입구에 모여 서 있다. 아직 약속 시간이 좀 남았다. 나는 주차를 하고도 차 안에서 혼자 우두커니 앉아 조금씩 창으로 떨어지는 빗방울을 바라보았다. '고요한 숲길을 걸으면 다시 기운이 날 거야' 애써 마음을 다독이며 차 문을 열고 성큼 한 발을 내디뎠다. 찬 공기가 상쾌하게 다가왔다. 천천히 걸어가 일행과 인사를 나누고, 박물관 안에서 융건릉에 대한 연대기를 살펴보았다. 영조와 사도세자, 정조의 이야기는 아무리 들어도 호기심이 가시지 않았지만 '왜? 어떻게? 그런 일이….' 라고 생각했던 일들이 이제는 '세상에 일어날 수 없는 일이란 없다.'는 진실만을 또렷이 알게 할 뿐이다.

영조와 사도세자 그리고 정조는 일반인으로 산 사람들이 아니다. 조선을 통치하는 최고 권력자로서 한 시대를 살았다. 사대부가들이 조선의 권력을 쥐락펴락하던 시기에 왕권은 태풍 앞의 촛불처럼 위태로웠을 것이다. 왕권을 지키려는 자와 왕권을 찬탈해야만 살 수 있는 자들의 욕망이 뒤엉키면서 걷잡을 수 없는 국면으로 치달아 일어난 일이 '임오화변' 아니었을까. 그 광란의 회오리처럼 몰아쳤던 역사적 시간은 조용히 문자 안에 봉인되었다. 그리고 융건릉은 그와는 무관하게 언제 와도 평화로워 보였다. 때로 사람들이 떼를 지어 점령군의 위세로 떠들어대기도 하고, 조용히 숲길을 걸으며 사색하기도 하는, 한때의 공간일 뿐이다. 과거는 우리의 현재에 어떤 사실로 재현될까. 군신유의, 부자유친, 반포지효 이런 것들을 생각할까.

 해설사는 정조의 효심에 대해 몇 번이나 되풀이 강조했다. 정조의 효심은 얼마나 큰 것이었을까. 기록에 의하면 정조는 아버지를 뵙기 위한 능 행차를 열두 번이나

했다고 한다. 병풍으로 남아 있는 그림만 봐도 얼마나 대단한 행차였을지 짐작이 간다. 그의 효심 어린 능 행차를 위해 수많은 사람의 노동과 노력과 시간, 돈이 쓰였으리라. 나는 그냥 '효심'이라는 말이 불편했다. '효심'이라는 말로 포장했을 뿐 정적들에게, 백성들에게 왕권의 건재함을 보여줌으로써 통치권을 수호하고 실존하기 위한 전략은 아니었을까 상상해 볼 뿐 진실이 무엇인지 나로서는 알 수 없는 일처럼 여겨진다. 그저 오늘을 살아가는 나는, 융건릉이라는 곳을 걸었고, 비가 왔고, 복잡한 심경에 위안이 되었다는 사실을 일기에 남길 것이다.

그래도 여전히 의문이 남는다. 내가 불편했던 것은 무엇이었을까. 정조의 '효심'에 대한 역사적 사실 여부일까. 아니면 '효'를 생각하면 떠올려야 하는 내 현실 때문일까. '효'가 아직도 동서고금의 미덕이기나 한가. 고문서에서나 볼 법한 단어가 된 것은 아닐까. 가끔은 아니 자주 내 일상과 '효'는 충돌한다. 마음만으로 되지 않는다. 물리적인 시간이나 물질로 표현되어야 할 때가 더 많다. 엄마를 생각하면 나는 그 무엇도 잘하지 못하는 자식이면서 왜 이리 마음이 불편한지, 불편한 마음을 쫘! 내리는 빗소리가 모조리 흡수해 주길…. 무어라 한마디로 정의할 수 없는 복잡한 세상사를 모두 삼켜주었으면 하는 비틀린 심정으로 우산을 받쳐 든다. 용이 여의주를 가지고 놀았다는 곤신지를 지나, 정조가 아버지 제사를 위해 걸었다는 어로를 따라 걸으며 나직이 혼자 한숨 쉬며 중얼거린다.

'엄마, 제가 내일 시간을 꼭 내서 엄마를 보러 갈게요. 기다리는 엄마를 위해서가 아닌 나를 위해서. 그래야 제 마음이 편하니까요. 혹시 정조도 이런 마음이었을까요.'

이수경

언젠가 꽃 필 너에게

언젠가 꽃 필 너에게

물향기 수목원에 갔다. 겨울의 끝자락 혹은 봄의 시작, 경계가 불분명한 3월의 어느 날이다. 물향기 수목원은 큰 아이가 막 걸음마를 시작하는 무렵에 방문하고 15년 만이다. 그렇게 오랜만에 다시 찾은 수목원은 내가 그때 왔던 곳이 맞나 싶을 정도로 모든 길과 모든 풍경이 낯설었다. 어느 부분에서는 어렴풋이 기억나는 배경이 있을 법도 하건만, 이전 기억을 더듬어 추억조차 할 수 없을 만큼 모든 것이 새롭다. 어쩌면 직진 본능으로 질주하는 아이만 쫓느라 주위의 모습은 눈에 담을 수 없었을지도 모르겠다.

나는 체험학습 나온 초등학생처럼 선생님들을 뒤따르며 비로소 수목원을 눈에 담기 시작했다. 이렇게 다양한 야생화와 나무가 있다는 것도, 저마다 이름이 있다는 것도 처음 알았다. 평소에 그냥 지나쳤던 작은 야생화도 이름이 있다는 게 새삼 신기하고 놀라웠다. 아기자기하게 잘 꾸며놓은 길을 따라 걸으며 식물 지식도 하나씩 쌓아갈 때쯤 여러 종류의 야생화가 있는 곳을 지나게 되었다.

저 멀리 이미 꽃망울을 터트려 자태를 뽐내고 있는 꽃들이 얼마나 예쁜지 열심히 셔터를 눌렀다. 가까이에 활짝 핀 꽃이 있으면 좋으련만 멀리 있는 꽃을 찍으려니 확대 기능으로 화질이 흐려져 속상했다. 가까운 곳에는 없을까 하고 찾는데, 나뭇잎이 켜켜이 쌓인 땅속에 꽃을 피우기 위해 열심히 준비 중인 꽃들도 있으니 조심하라고 하신다. 눈에 보이지 않으니, 어디에 어떤 꽃이 있는지 알 수 없지만, 수많은 싹이 그 밑에 있을 거라는 말에 발걸음이 조심스러웠다.

아무것도 없는 땅을 쳐다보며 싹이라도 보일까 하고 바라보고 있자니, 문득 아이들이 생각났다. 춥고 어두운 땅속에서 싹을 틔우기 위해 애쓰고 있는 작고 여린 생명체가 마치 아이들 같았다. 어쩌면 나는 저 멀리 꽃망울을 터트린 꽃을 보고 환호하고 셔터를 눌렀던 것처럼, 남의 자식들만 보고 부러워했던 건 아닐까. 지금 내 발밑에서 긴 어둠의 시간을 견디는 싹이 있는데, 그 싹이 보이지 않는다고 무심코 밟고 있는 것처럼 내 아이들을 짓누른 적은 없었을까. 짧은 순간 많은 생각으로 가슴이 아려왔다. 나는 너의 이름을 얼마나 불러주었을까. 어느 순간 너의 이름보다 네가 해야 할 일과 결과만 묻고 따지지는 않았는지, 끊임없는 질문이 나에게 쏟아진다.

이제 긴 겨울을 지나 싹 틔울 준비하는 너를, 나는 묵묵히 기다려 주어야겠다. 그 시간이 얼마나 오래 걸리든 나는 지치지 않고 기다려 주어야겠다. 모든 꽃이 봄에 피지는 않듯이 언젠가는 만발할 너의 꽃을 기다리며 나는 너의 이름을 부르며 즐겁게 기다려봐야겠다고 다짐했다.

어느새 야생화 군락지를 지나 온실을 지나 푸르름을 만끽하며 관람을 마쳤다. 세상에 이토록 많은 꽃과 나무가 모두 이름이 있다는 걸 감탄하며 말이다. 그저 식물을 꽃, 나무로만 분류했던 내가 새삼 부끄러웠던 하루였다. 이제라도 그 이름을 알고 불러주어 그들이 다시 더 빛나기를 바라본다.

난, 이제야 물향기 수목원을 제대로 다녀왔다. 오늘 엄마로서 뿌리내릴 자리를 찾았다.

조진명

갱년기 마녀
괜찮아, 작은 것에도
행복할 수 있다는 걸 배웠으니까

갱년기 마녀

 "에잇, 당신은 갱년기 마녀야."

남편의 말에 순간 아이들과 나 모두가 빵 터져서 웃었다. 다 같이 비슷하게 느끼는 게 있어서다. 요즘 내 특징을 콕 찍어 말해주는 단어 같았다. 내게 딱 어울리는 단어가 갱년기 마녀라니. 삼시 세끼 정성껏 차려주고 맞벌이하고 세 아이 키워 놓았는데, 기분 나빠 화라도 내야 할 것 같은데 이상하게 난 그렇지 않았다. 더 높은 목소리로 마녀같이 웃었다.

"그래, 으하하하하~."

그렇게 갱년기 마녀는 요즘 나의 애칭(?)이 되었다.

5년 전, 처음 갱년기를 느끼기 시작했다. 발목에 느닷없이 통증이 와서 발을 절며 조심조심 출근하고, 한동안 퇴근 후 바로 침을 맞으러 다녔다. 어느 날 목욕하는데 등으로 손이 가지 않았다. 팔이 잘 안 움직여 옷도 편히 입을 수 없었다. 오십견이었다. 어떤 이는 오십견의 통증은 암보다 더 심하다고 말하기도 한다. 6개월간 통증이 너무 심해 잠도 잘 못 자고, 한약, 침, 주사, 도수 치료 등 안 해 본 게 없다. 그렇게 몸은 나에게 갱년기임을 알려주었다. 발목 통증도 오십견도 모두 원인은 한가지, 노화였다. 그저 시간의 흐름으로 누구에게나 일어날 수 있는 자연스러운 일일 뿐이다.

통증은 나를 움직이는 원동력이었다. 날마다 느껴지는 통증에서 벗어나고 싶어서, 할 수 있는 많은 걸 시도했다. 요가, 수영, 자전거, 산책, 필라테스를 거친 끝에 가닥이 잡혔다. 좋아하는 움직임은 버리고 싫어하는 움직임은 지속해야 했다. 입에 쓴 약이 몸에 좋은 원리다.

나는 재빠르게 움직이고 땀 흘리다가, 완전히 늘어져 쉬는 걸 좋아한다. 그런데 숨차게 뛰어다니며 탁구 치기, 열심히 일하다 늘어져 있기는 자제해야 한다. 스트레칭처럼 느리게 움직이며 근육에 힘주고 버티기는 어릴 때부터 싫어했다. 그런데 필라테스나 요가, 헬스 스타일의 움직임은 싫어도 무조건 꾸준히 해야 한다. 굽은 몸을 펴고, 힘없는 부위에 근육을 키워야 한다. 몸을 편안하게 해주는 약이 되는 움직임이니 어쩔 수 없다.

몸이 힘들어야 자유롭고 편안한 하루가 주어졌다. 수고롭게 노력해야만 몸이 자유로운 하루를 살 수 있었다. 그것이 노년기로 가는 길, 갱년기였다. 더는 몸을 맘대로 쓰면 안 된다는 걸 받아들이고 노력해야 했다. 이제 공짜로 몸을 실컷 쓸 수 있는 날은 없다.

몸과 마음은 하나였다. 몸의 변화와 함께 마음에도 갱년기가 왔다. 사춘기 아이가 몸이 훌쩍 크면서 어른의 세계에 저항하고 자기 정신세계를 세워가듯, 갱년기 역시 그랬다. 내 마음의 갱년기는 가족에게서 시작되었다.

어머니가 갑작스럽게 일찍 돌아가셨다. 홀로 남은 아버지는 나의 든든한 언덕에서 하루아침에 내가 돌봐야 할 아기가 되었다. 아버지를 돌보는 일은 몸도 힘든데, 마음이 더 힘들었다. 든든한 산이었던 아버지가 아기가 되는 걸 못 받아들이고, 볼 때마다 괴로웠다. 부모님 삶의 끝을 지켜보며 허망하고 두려웠다.

열과 성을 다해 키운 큰아이가 대입을 치르기도 전에 모든 의욕을 잃은 채, 이불 속에서 몇 달간 나오지 않았다. 내 힘으로는 아이를 일으킬 수 없었다. 둘째와 셋째는 거짓말을 하고 엄마, 아빠 지갑에서 돈을 가져다 아무렇게나 쓰고 인터넷의 세상에 빠져 헤맸다. 세상의 힘은 나보다 강했다.

남편도 내 지친 마음을 보기보단 삶에 지친 자신에게 충실하고 싶어 했다. 마음이 나에게 질문하기 시작했다. 무엇을 위해 살아온 걸까. 가족을 지키기 위해 견뎌온 시간의 의미는 무얼까. 이제 무엇을 위해 살아야 할까. 혼자서 질문하고 답을 쓰기 시작했다. 그렇게 펜과 공책은 나의 해방구가 되었다.

공책이 한 권, 두 권 쌓이며 마음에 오솔길이 나기 시작했다. 내가 길을 내는 사이, 가족들도 각자의 오솔길을 만들었다. 내 길의 끝은 아직 잘 모르겠다. 분명한 건

펜을 타고 마음대로 날아다닐 수 있을 것 같다. 빗자루를 타고 날아다니는 마녀처럼 다른 사람이 아닌 나를 가운데 두고 살고 싶다.

갱년기(更年期)가 다시 갱(更)으로 시작하는 건 '다시 고쳐 새로워지라'라는 의미가 아닐까. 내 마음을 다시 들여다보고, 새롭게 살아간다면 '갱년기 마녀'는 내게 아주 걸맞은 즐거운 애칭이 되지 않을까 싶다.

괜찮아,
작은 것에도 행복할 수 있다는 걸 배웠으니까

 "안에 든 게 뭐예요?"

"식품이에요."

우체국에서 택배 담당자가 묻는데 '오이지'라고 말하기가 좀 민망해서 식품이라고 했다. 직접 담은 '오이지'를 30년 지기 친구 경민이에게 보냈다. 빚을 진 것도 아니고 약속을 한 것도 아닌데, 한 번쯤은 '선물'을 주고 싶었다. 대학 시절 맘을 못 잡고 방황하던 나를 챙겨주고 도와주었던 친구다. 가장 좋아하는 음식이 오이지라며 내게 레시피를 물었던 게 생각났다. 바쁘게 일하고 있는 친구에게 오이지를 보내고 나니 왜 내가 더 행복할까.

오늘도 오이지를 잘라 한 그릇 가득 무쳐 두었다. 남편은 입맛이 없다며 매일 아침 오이지에 밥을 먹고 출근

한다. 김치통에 오이를 한 켜씩 담고 소금에 절여두고 살짝 향이 나도록 고추씨도 넣는다. 매일 아침 뚜껑을 열어 오이지로 변해가는 모습을 보면 종일 기분이 좋다. 맛있는 아이스크림을 냉동실에 가득 넣어둔 아이의 기분이랄까.

로컬푸드 식품매장에서 큰 봉지에 가득 담긴 못난이 오이의 유혹에 몇 번을 넘어갔다. 그렇게 커다란 김치통 두 통을 오이지로 가득 채웠다. 친구에게 한 통 보내고, 우리 집 냉장고에 한 통 쟁여둘 생각이다. 친구도 내년에 퇴직한다니 아마도 처음이자 마지막 오이지 선물이지 싶다.

엄마가 살아계실 때, 나를 위해 오이지를 담아 꼭 짜서 양념에 버무려 냉장고에 넣어두시곤 했다.
"이번엔 청이 딱 떨어지는 게 오이지가 잘 절여졌네"
엄마도 우리 집 냉장고에 오이지무침을 넣어두시며 흐뭇하고 행복하셨겠지. 오이지를 장만하며 나도 이번 여름 준비가 행복했으니까.

저녁 무렵 친구에게서 문자가 왔다.
"친구야, 고마워. 잘 먹을게."

50대의 내게 말해주고 싶다.
"이루지 못한 꿈도 있지만, 뜻대로 되지 않는 시간을 견뎌왔지만, 괜찮아, 작은 것에도 행복할 수 있다는 걸 배웠으니까"

빛나던 청춘 시절엔 꿈이 있었고, 50이 넘은 지금은 작은 행복이 있다.

최미르

재능은 없지만 좋은 선생님입니다

너의 이름을 부를게

끝이 없을지도 모르는 시작

재능은 없지만 좋은 선생님입니다

남편과 첫째 아이가 책상에 앉아 수학 문제집을 펼쳐 놓고 낄낄대며 웃고 있었다. 남편의 수학 과외 시간인데, 둘만의 비밀이라도 나누는 듯, 연신 웃음소리가 들렸다.

"뭔데? 왜 나 빼고 둘만 웃는데?"

"끼지 마라."

남편은 학교에 다니는 두 아이의 수학 공부를 지난 3년간 거르지 않고 매일 가르치고 있다. 가르치기 위해서 본인 또한 새벽 네시에 일어나 한두 시간 공부를 한다. 회사 일로 지친 기색이 있는 날엔 내가 대신 가르치겠다 나서기도 했다. 그러면 아이들이 먼저 기겁하며 도망을 쳤고, 남편 또한 자신의 영역을 침범하지 말라며 경고했다. 그들만의 세상이 구축된 것 같아 내심 서운한 마음이 들기도 한다. 나와 그들 사이에 보이지 않는 경계선을 그어놓고 넘어오지 말라고 하는 듯하다. 내 잘못이 있기는 하지만 그것이 내 잘못만은 아니니 나 또한 억울한 일이다.

  사실 남편은 수포자(수학 포기자)였다. 초등학교 때까지는 제법 따라갔다고 한다. 먹고사는 것에 바빴던 부모님은 교육에 그다지 관심을 두지 않았고 친구들이 학원에 가는 시간에 동네 오락실을 배회하거나 집에서 가만히 누워 멍 때리는 일에 열중했다고 한다. 그러다 보니 친구들의 배움은 저 앞을 달려 나갔고 그는 뒷걸음질 치거나 제자리걸음을 했다. 남편은 아무리 뛰어도 친구들과 나란히 걸을 수 없을 바에는 포기해야겠다 생각했다고 한다. 그렇게 그는 학교를 졸업할 때까지 묵묵히 수포자의 길을 걸어갔다. 수업 시간에는 엎드려 잤고 시험지에는 찍기 신의 도움을 빌려 열심히 찍으면 최소한 한 개 이상은 맞추더라는 것이 그의 이야기였다. 0점은 맞은 적이 없다는 것이 그의 자랑 아닌 자랑이었다. 학교 때부터 수학과 담을 쌓고 살았는데 졸업 이후에는 말해 뭐하자.

그런 그에게 '영원히 안녕~'이라고 생각했던 수학과 재회하는 사건이 일어났다. 아이들이 초등학교 저학년 때만 해도 '공부가 중요한가? 놀 수 있을 때 실컷 놀거라'라는 신념으로 정말로 실컷 놀게 했더니 고학년이 되자, 공부가 친구 관계에도 영향을 끼쳐 아이들의 자존감을 떨어트렸다. 남편은 자신의 학창 시절과 아이들의 상황이 겹치는지, 옆구리를 쿡쿡 찌르며 내가 아이들을 가르치기를 원했다. 사실 자랑 아닌 자랑이지만 나는 수학 공부를 꽤 잘했던 편이다. 학창 시절부터 대학 전공(어울리지 않게 공대 출신이다)까지 수학 공부는 늘 해왔던 터였고, 아르바이트로 10년 이상 수학 과외 선생님을 했다. 하지만 중이 제 머리는 못 깎는다고 내가 가르치면 아이들은 30분 이내로 곡소리를 냈고, 나는 화를 못 참고 숨이 거칠어져 씩씩댔다. 전쟁 아닌 전쟁이었다.

"이것도 몰라? 엄마가 몇 번을 가르쳤어? 아유~ 내가 못 살아!"

아이들은 나와의 공부 시간이 되면 치과 가는 시간처럼 두려워하며 치를 떨었다. 결국 나는 원활한 가족관계를 위하여 학원에 보내야겠다고 선언했다. 남편은 "학원비는 너무 비싸고 그렇다고 내가 가르칠 순 없는데…."라는 곤란한 표정을 지었다. 그리고 얼마 후, 아이들이 버린 수학 문제집을 집어 들더니 책상 앞에 앉기 시작했다. 초등학교 5학년 문제집이었다. 처음에는 수학 문제집 앞에 그냥 성스럽게 앉아 있기만 했다. 나는 그의 근엄하고 비장한 표정에 코웃음 치며 '뭐하나?'라는 눈빛을 쏴주었다. 그는 굴하지 않고 출근 전 새벽 네시에 매일같이 기상하여 문제집을 풀기 시작했다. 한두 문제를 두세 시간씩 풀 때도 있었다. 문제가 잘 풀리지 않을 때는 꼭 나에게 물어봤다. 그러면 나는 기억을 조금 더듬다가 금방 풀어주곤 했다.

"어떻게 그렇게 쉽게 풀지?"

그가 몇 시간을 낑낑대며 풀던 문제를 내가 단 1분 만에 풀면 그는 신기해하기도 했고, 재수 없어 하기도 했다.

"어떻게가 어됬어? 그냥 답이 보이잖아."

"재수 없어."

장금이가 홍시 맛이 나서 홍시라 대답한 것처럼, 답이 보여 답이 보인다고 한 것을 어쩌란 말인가. 그는 곧 수능을 볼 수험생이라도 된 것처럼 짬짬이 시간마다 수학 문제를 풀기 시작했다. 그렇게 몇 달이 지나니 푼 문제집이 4~5권 정도 되었다. 그러한 시간이 쌓이고 쌓여 초등학생 문제집부터 시작한 그는 어느새 중학교 문제집을 풀기 시작했다. 어느 정도 자신감이 붙은 남편은 아이들을 가르치겠다 나섰다. 아이들은 온갖 멸시와 무시가 난무했던 엄마표 수학 시간을 기억하기에 아빠의 수학 시간도 다르지 않겠거니 생각하며 수업을 거부했다.

그러나 아빠표 수업은 확실히 달랐다. 문제를 풀다 실수하거나, 이해하지 못해도 "아빠도 이해하지 못했어. 이건 어려운 문제니까 괜찮아. 기다려 줄게"라며 친절히 웃어주었다. 그는 실제로 아이들의 '이해 못 함'을 이해했다. 나는 '방금 가르쳐 준 것을 어떻게 몇 초 만에 까먹니?'라며 타박하기 일쑤였지만, 그는 아이들의 그러한 어려움을 완벽히 이해했다. 그가 공부를 못했기에 공부 못하는 어린이의 마음을 이해할 수 있는 것이다. 이것이 칭찬인지 욕인지 헷갈리겠지만 진심으로 칭찬이다.

"혹시 이 부분을 이렇게 생각한 거야? 충분히, 그럴 수 있어. 아빠도 약간 이 부분이 이해가 가질 않았거든.", "와~ 이 부분을 이렇게 접근하다니, 넌 아빠보다 똑똑하다."

남편은 자신의 부족함을 아이들 앞에 드러냈고 동등한 관계로 접근하며 수업했다. 그들에겐 내가 끼어들 수 없는 공감대가 형성되기 시작했다. 보이지 않는 막으로 나만 들어갈 수 없는 공간을 만들었다. 쿡, 쿡. 괜히 심통이 나서 찔러본다. 왠지 모를 소외감에 살짝 서운하다가도 '나는 너희보다 우월하다'는 우쭐함을 지키기 위해 그들의 세상에 굳이 끼어들지 않았다. 아~ 우월함은 외로운 것이다.

학창 시절, 나는 몸으로 하는 예체능은 대체로 못했다. 음악, 미술, 체육 시간에는 쭈구리, 그 자체였다. 최근 우연찮은 계기로 그림그리기 개인교습을 3개월간 받게 되었다. 선생님은 미술계의 엘리트 출신이었다. 미술학원을 오랫동안 운영한 경험이 있다고 했다. 처음은 연필 잡기부터 배웠다. 연필 잡기만 몇 주를 했다. 선생님은 당황하신 듯했다. "이렇게 오래 걸릴 일이 아닌데…."라 중얼거리셨다. 다음은 선 긋기를 연습했다. 힘 조절을 자유자재로 하며 선을 긋게 연습하도록 하셨다. 선 긋기는 두어 달이 걸려도 잘 되질 않았다. 나 또한 당황했다. 애 셋 딸린 아줌마에게 가성비는 아주 중요하다. 단 몇 회의 교습만으로도 모든 기술을 습득하여 웬만한 그림을 그려내야 하는 것이 내가 바라던 가성비였다. 하지만 현실은 더디어도 너무 심하게 더디었다. 재능이 없다고 알고는 있었으나 이 정도일 줄이야.

급기야 선생님은 티 안 나게 짜증을 내셨다. '이제 이 정도는 하실 수 있어야 하는데….' 내 자신감의 풍선은 피시식 소리를 내며 조금씩 쪼그라들어갔다.

"선생님은 연습을 많이 하셔서 그림을 잘 그리게 되었나요?"

"연습을 많이 한 것도 있지만, 원래부터 잘 그렸어요.

그림을 배우지 않았던 초등학교 때부터 내 그림은 잘 그렸다고 전교생의 교본이 될 정도였으니까."

 남편과 아이들 마음이 이런 것이구나. '저도 그림은 못 그리지만, 수학은 잘해요'라는 말이 목젖까지 차올랐다. 하지만 꾹꾹 눌러, 뱉지는 않았다. 재능이 없는 사람이 재능 있는 사람을 바라보는 마음이란, 가난한 사람이 부자를 바라보며 '아~ 다른 세상의 사람은 부러워하는 거 아니다. 흠!칫!뿡!'이라 생각하며 다독이는 것이다. 그림 그리기 수업은 결국 그만두었다. 재능도 없는데 빠듯한 살림살이에 사치라 여겨졌기 때문이다.

 남편의 수학 시간은 3년째 이어져 가고 있다. 아이들도 남편도 수학 시간을 즐거워한다. 틀려도 웃는다. 틀린 것이 웃겨서 웃는다. 서로 공감하며 낄낄대며 웃는다. 내가 침범할 수 없는 영역이 되니 나는 입을 삐죽거린다. '칫! 틀린 게 왜 웃기는데? 웃겨 정말!' 상대를 이해한다는 것은 자신이 겪지 않으면 절대로 할 수 없다. 잘하는 사람은 못하는 사람을 이해하고 싶어도 이해할 수 없다. 가진 자는 못 가진 자를 이해하는 척만 할 수 있다. 그들에게 진정한 이해는 불가능하다. 남편은 수학 문제를 못 푸는 실력 없는 선생님이지만, 공부 못하는 학생의 마음을 이해하고 위로해 줄 수 있는 좋은 선생님이 되었다. 그러면 됐지 뭐. you win!!!

너의 이름을 부를게

선이야, 부른다. 그러면 입안에서 초록이 묻든다.

선이야, 부른다. 그러면 무지갯빛 물고기가 바다로 헤엄쳐 나간다.

선이야, 부른다. 그러면 너와 내가 이어진다. 눈을 맞춘다. 너는 기분 좋은 햇살이다.

이름 부르기는 존재의 문을 여는 열쇠다. 이름을 알기 전의 상대는 의미 없는 존재이며 행인이며 이웃일 뿐이지만 이름을 알게 되고 부르는 순간 톡~하고 비밀의 문이 열린다. 선이야, 부르면 초록 물고기가 기쁨의 꼬리를 파닥파닥 흔들며 달려온다. 나는 그 순간이 참 좋다. 우리만의 문이 열리고 서로 눈을 맞춘다. 영혼은 날개를 파닥이며 서로에게 다가가 눈을 맞춘다. 그러면 웃음이

몽글몽글, 퐁퐁 피어오른다.

성경에는 많은 인물이 이름을 바꾸었다. 큰아버지 '아브람'에서 많은 무리의 아버지인 '아브라함'으로, 하느님께서 들으셨다는 뜻의 '시몬'은 반석이라는 베드로로. 성경 속 인물이 이름을 바꾼 이유는 새로운 정체성을 부여받았기 때문이다. 인생의 새로운 임무를 부여받았고 그것을 실행할 원동력으로 이름이 사용된다. 이름은 한 사람의 정체성, 임무, 바람, 변화가 모두 내포되어 있다. 그래서 많은 이가 자신의 새로운 삶을 기원하며 개명하기도 한다.

선이는 세 번의 개명 과정을 겪었다. 생모가 지어준 이름, 법원판결 후 성이 변경된 이름, 우리 가족이 되면서 우리가 머리를 맞대고 지어준 이름. 큰 변화의 강을 세 번 건넌 셈이다. 선이의 영혼은 그 변화의 강을 건너며 힘겨웠을지도 모르겠다. 우주가 송두리째 세 번 바뀌었기 때문이다. 안쓰럽기도 하고 대견하기도 하다.

'선'이라는 이름은 여러 후보 중 선택되었다. 둘째 아이가 지은 이름이다. 한문이 아닌 한글로 지어 좋은 의미를 다 쏟아부었다. 사람과 사람의 관계를 이어주는 선, 착할 선, 영어로 해를 뜻하는 sun 또는 발음대로 부르면 맑은 날을 의미하는 sunny. 그래서인지 선은 이름대로 햇살 샤워를 할 수 있는 날씨 같은 아이다. 늘 밝게 웃어준다. 존재만으로도 주변인의 기분 날씨는 맑음이 된다.

 선이야! 유치원 차를 타고 하원하는 아이의 이름을 불렀다. 아이는 이를 한껏 개방하며 뛰다시피 내린다. "엄마!" 하며 내 가슴으로 파고든다. 그러면 마음에 꽃이 핀다. 노란 꽃잎이 온 세포를 물들이며 간질인다. "유치원에서 잘 지냈어?", "응."

 선이야! 나는 오늘도 너의 이름을 부른다. 그러면 네 존재의 문이 활짝 열리고 우리의 영혼은 교감한다. 이름처럼 네가 행복해지고 좋은 역할을 하길 바라며 부르지만, 정작 내 영혼이 너의 햇살로 물들여진다. 너는 기분 좋은 햇살이다.

끝이 없을지도 모르는 시작

 나도 이제 뭔가를 해봐야겠다.

직장생활은 애당초 적성에 맞아 본 적이 없다. 영상편집을 한다고 온갖 장비를 샀다. 창작자가 되겠다고 호기롭게 가족들 앞에서 선포했다. 사부작사부작, 처음치고는 제법 괜찮은 작품이 나왔다. '역시, 나는 천재적 예술 감각이 있구나' 자화자찬했다. 그런데 막상 프로의 세계를 들어가보니 제법 괜찮은 정도로는 명함을 내밀지 못했다. 결국 편집은 두세 달 열심히 배우다 흐지부지되었다.

그림을 배운다고 개인교습을 받은 적이 있다. 그림을 배우지 않아서 못 그린 것이지, 나의 내면에는 예술가의 피가 흐르고 있다고 믿었다. 종이와 연필만 있어도 그림을 그릴 수 있다고 생각했건만 물감값이 만만치 않았다. 그래도 물감이 있어야 그림이란 걸 배우지 싶어 결국 재료부터 준비했다. 그런데 수채화를 배우기도 전에 개인 교습을 그만두었다. 배움이 없어서가 아니라 원래부터 재능이 없다는 사실을 깨달았기 때문이다. 물감은 집안 어딘가에 방치되어 있다.

옷 만들기를 배웠다. 배운 지 몇 달 만에 똥손을 가진 내가 아이들 티셔츠부터 바지 심지어 잠바까지 뚝딱 만들어냈다. 신기했다. '와~ 똥손이 아니었구나.' 나도 몰랐던 손재주를 발견했다. 아이들과 남편에게 주문이 들어왔다. 이런저런 스타일 옷을 만들어달라 했다. 얼추 비슷하게 만들어냈다. 그런데 이상하게도 똑같은 옷을 만들어내지는 못했다. 똑같이 만든다고 만들어도 다른 옷으로 만들어졌다. 왜 똑같이 못 만드냐고 남편이 물었다. 원래 예술의 세계가 그렇다고 말했다. 털털한 성격의 소유자는 정교함을 가지고 싶어도 가질 수 없다.

그렇게 호기롭게 이것저것을 시작했다. 늘 시작은 거창하다. 우선 장비부터 사고 그럴듯하게 구색을 갖춘다. 뭐 제법 그럴듯한 작품도 만들어낸다. 시작은 언제나 원대하다. '와~ 이걸로 유명해지면 어쩌지? 난 유명세 치르는 건 별론데.' 일어나지 않을 일들을 상상하며 즐거워한다. 초반에 많은 에너지를 쏟아붓고 후반으로 갈수록 흐지부지. 늘 그래왔다.

이번엔 글을 쓰기 시작했다. 예전에도 글을 써보겠다고 열정을 불태우다 결국 흐지부지 끝낸 적이 있다. 16년이란 시간이 지났다. 남편은 "또, 시작만 하겠지, 뭐"라고 했다 정곡에 찔리면 항상 아프다. 맞다. 또 시작만 하고 끝은 없을 지도 모르겠다. 그런데 끝이 뭐지?

'시작만 잘해요' 나의 또 다른 재능 발견이다. 끈기 있게 끝을 본 적은 없지만, 끈기 있게 이런저런 일을 배우고 시작한다. "경제적으로 여유롭구나! 외벌이로 다섯 식구 먹여 살리고 마누라 취미생활도 누리게 해주는 남편이라니, 부럽다"라고 말하는 이도 있다. 반은 맞고, 반은 틀리다. 전혀 경제적으로 여유롭지 않다. 남편은 자신과의 결혼으로 나의 날개를 꺾어 버렸다고 생각하는 이다. 저 높이 나는 새의 날개를 꺾어, 머리를 조아리며 콕콕 모이를 쪼는 마당의 닭으로 만들어서 미안해한다. 사실 이제야 깨달은 사실인데, 나는 닭이 맞다. 애당초 높이

날 수 없는 닭이었다. 하지만 남편은 여전히 높이 날 수 있다고 생각한다. 내가 글쓰기를 시작했다고 남편이 생일선물로 최신형 노트북을 들이밀었다. 아무리 장비부터 구비하고 시작하는 타입이지만 이건 과하다.

"고급 외제 차로 고속도로를 달리는 것과 경차로 달리는 쾌적함은 다르다. 한번 외제 차로 달려봐!"

노트북값으로 외제 차를 사준 척하다니. 하여튼 노트북 위로 손가락이 춤을 추듯 자판을 두들겨 보았다. 외제 차의 쾌적함? 모르겠다. 그래도 시작만 하고 끝은 없는 블랙홀 같은 마누라의 시작을 축복해주는 외제 차가, 아니 그 마음이 제법 마음에 든다. "역쉬~ 다르네"라고 칭찬하자, "그쵸? 이제 대작이 나올 거야. 이 노트북 글발이 장난이 아니거든."

쾌적함이 남다른 외제 차인 노트북은 나보다 아들이 잘 쓴다. 게임이 잘 돌아간다. 다행이다. 성능에 비해 하는 일이 없어 죄스럽던 참이다. 물론 나도 가끔 외제 차에 올라타긴 한다. 시민대학 수필 수업 과제로 글을 쓴다. 그리고 책 쓰기 작업을 시작했다. 재미도 없는 이야기를 써 내려간다. 끝이 없을지도 모르는 시작을 또 시작했다.

홍성님

세상은 넓고 갈 곳은 많다

노을

세상은 넓고 갈 곳은 많다

10박 11일 일정으로 베트남 다낭과 호이안을 여행했다. 작년 12월에 유럽을 다녀왔는데 4개월 만에 다시 해외 여행길에 올랐다. 무엇을 찾기 위해 떠나는 것은 아니다. 다만 내가 사는 이 테두리 안을 벗어나 보고 싶은 마음이 컸다. 예전에는 그러지 못했다. 일상에서 벗어나면 무슨 일이 생길 거 같아 오랫동안 집을 비운다는 것은 상상도 못 했다. 맡은 일이 생기면 열과 성을 다하는 목표 지상주의였고 성과를 내기 위해 동분서주하는 편이었다. 거의 일중독이기도 했다.

언제부터인가 이런 내가 변하고 있다. 실은 한 가지 큰 계기가 있기는 하다. 엄마가 돌아가시고 나서부터 엄마와 많은 시간을 함께하지 못했던 그 후회와 연민이 나를 많이 변하게 했다. 시간은 결코 영원할 수 없으며 기다려주지 않는다는 것을 알고부터다. 엄마의 가늘어진 허리를 보면서도 '괜찮아 다시 살이 찌실 거야' 했었다. 엄마는 항상 나를 위해 있어 주고 나만 바라보며 사실 것만 같았다. 하지만 엄마는 어느 순간 내 곁에서 이른 아침 안개처럼 사라졌다. 그래서 자주 떠난다. 어디라도 누구든 원하면 그 시간을 함께 보내려고 한다.

베트남에서는 커피나 차를 마실 때 서로가 같은 곳을 바라보며 앉는다. 우리는 보통 두 사람이 식사나 차를 마시려면 마주 보고 앉는 편인데, 베트남은 서로 나란히 앉는다. 예를 들면 바다를 바라보며 앉는다든지 도로의 차들을 보며 앉아 있다. 남편과 이런 모습에 대해 서로 이야기해 보았다. 남편은 베트남의 모습은 함께 소통하는 느낌이 들고 한국은 친근감의 표현이 아닐까 하는 말을 하였다. 나는 베트남은 마음의 여유가 있어서이고 한국은 서로에 대해 더 집중하기 위해서라고 이야기했다. 베트남의 유명한 커피숍에서는 밤늦게까지 젊은이들이 한곳을 같이 바라보며 휴대전화를 보거나 담소를 나누는 모습이 참 특별하면서도 여유 있어 보였다. 상대방만 보기보다는 다른 경치도 감상하면서 서로의 쉬는 시간이 되어 보여서다. 함께 있는 것만으로도 만족한다는 느낌이 더 편안하게 보였다.

호텔에서의 에피소드다. 세계의 6대 비치의 한 곳인 미케비치 주변의 스텔라 마리스 호텔에 숙박하게 되었다. 체크인하고 하룻밤을 잔 후 다낭 구경을 위해 오전 여덟 시에 호텔을 나왔다. 다낭 사찰 중의 하나인 영흥사로 가는 일정이다. 다낭의 날씨는 체감 온도가 거의 섭씨 40도를 웃도는 덥고 습한 날씨다. 밖에 한두 시간만 있어도 땀이 비 오듯 한다. 영흥사 구경을 마치고 더위도 식힐 겸 열두 시쯤 호텔 방에 들어갔는데 청소가 되어있지 않았다. 남편이 데스크에 청소를 해달라고 했더니 두 시에 가능하다고 했단다. 우리는 쉬지도 못한 채 점심을 먹고 네 시쯤 다시 호텔로 돌아왔다. 그런데 또 청소가 되어있지 않았다. 이번에는 내가 데스크로 가서 약간 상기된 모습으로 청소가 왜 되어있지 않느냐고 물었다. 데스크 직원이 난감해하며 서로 소통이 되지 않았다고 바로 사과했다.

금방 해주겠다는 말에 우리는 안내 데스크에서 기다렸다. 사소한 일로 여행 온 기분을 망치고 싶지 않았다. 직원은 시원한 차를 내오며 연신 죄송하다고 말했다. 상했던 기분이 조금씩 풀리며 여유를 갖게 되었다. 20분 정도 후에 청소가 끝나 방으로 들어가 편안하게 쉬고 있을 때였다. "똑똑" 노크 소리가 나서 문을 열어보니 데스크 여직원이 커다란 쟁반에 과일과 포크 세트며 작은 접시까지 들고 왔다. 사과의 의미라며 맛보라고 했다. 호텔의 배려에 한 번 놀랐다. 실수는 누구나 할 수 있지만, 그 잘못을 만회하기 위해 정성을 들이기는 쉽지 않다. 그날 저녁 우리는 맛있는 열대과일을 먹으며 하루를 행복하게 마무리했다.

베트남은 무질서 속에 질서가 공존하는 곳이다. 베트남의 차도는 직진, 좌·우회전 신호등이나 횡단보도 신호등이 없다. 있어도 아주 가끔 보이는데 그마저도 길을 건너는데 차가 멈추거나 하지 않는다. 대중교통인 버스는 거의 없고 주로 자동차와 오토바이가 이동 수단이다. 회전 교차로에서 오토바이와 차가 뒤엉켜도 경적 하나 없이 자연스럽게 돌아간다. 처음에는 횡단보도를 건너지 못했다. 차와 오토바이가 쌩쌩 달리는데 어떻게 건너야 할지 가슴이 두방망이질 쳤다. 어느 쪽을 보고 어디쯤 발을 옮겨야 할지 허둥댈 뿐이었다. 베트남을 방문한 외국인들은 거의 이런 모습이다. 길을 건널 때 몇 번은 남편 손을 잡고 앞만 보고 뛰어갔다. 차츰 적응되면서 천천히 내가 서 있는 모습을 보여주며 차 오는 쪽을 주시하고 손을 들어 길을 건넜다. 신기한 것은 그렇게 복잡한데도 자동차가 경적을 누르거나 오토바이가 위험하게 다가오지 않았다. 사람과 오토바이와 차가 물 흐르듯이 흘러갔다. 택시를 탔는데 오토바이가 갑자기 뛰어들어와도 기사는 쩝~ 소리내며 웃고 만다. 절대로 화를 내거나 큰소리를 내며 싸우지 않는다. 급하지 않고 남의 실수를 그럴 수도 있다고 넘기는 여유는 어디서 오는 것일까.

  호이안에서는 베트남 요리 강습을 들었다. 먹는 것을 좋아하는 내가 놓칠 수 없는 프로그램이었다. 베트남의 전통 요리 중의 하나인 반쎄오와 짜요다. 반쎄오는 우리나라 파전과 비슷하고 짜요는 길쭉한 군만두 맛이다. 요리 강사님과 이른 아침 재래시장에 들러 요리에 필요한 각종 채소와 고기를 사면서 베트남 시장의 활기찬 모습도 구경했다. 특이한 점은 요리할 때 모두 긴 젓가락을 이용하여 만든다는 것이다. 숙주나 고기를 볶을 때도 젓가락 하나로 모든 요리가 가능하다. 그들의 음식문화를 알 수 있는 색다른 경험은 먹는 즐거움과 함께 외국 요리를 직접 해보는 신선함이 있어 좋았다.

  베트남 여행은 안 가본 사람은 있어도 한 번 가본 사람은 없다고 한다. 그 이유는 물가도 싸지만, 사람들 속에서 느껴지는 편안함이 큰 것 같다. 그래서 베트남은 한 번 더 가고 싶은 곳이기도 하다. 여행의 목적은 온전히 나를 위해 즐겁게 볼 수 있고, 느끼며, 맛볼 수 있는 것이다. 비치에 앉아 종일 파도 소리를 들으며 망중한을 즐기고 시원한 커피숍에서 통기타의 선율에 맞춰 라이브 가수의 노래에 취해도 보았다. 동트기 전 바다 한가운데 떠오르는 태양을 보며 수영하고 모래사장의 차가운 감촉을 느끼며 한없이 걸어보기도 했다. 베트남의 전통 옷인 아오자이를 입고 베트남 여인의 삶을 느껴보기도 했다. 한 번도 먹어본 적 없는 그 나라의 전통음식을 맛보는 것 또한 새로운 도전이었다. 출발 전의 설렘과 돌아와서의 추억은 언제나 나를 어린아이처럼 들뜨게 한다. 더불어 세상은 넓고 갈 곳이 많아서 큰일이다. 다음엔 어디를 갈까. 벌써 계획이 앞선다. 여행은 나를 새벽시장에 나오는 싱싱한 활어처럼 펄떡이게 한다.

노을

아들은 말이 없다. 아니 정확히 표현하면 말수가 적은 편이다. 어렸을 적에는 유난히 호기심이 많고 종달새처럼 말도 잘했다. 그러나 어느 순간 사춘기가 오고 성인이 되면서부터 말이 점점 없어졌다. 종일 있어도 내가 묻는 말에만 단답형으로 말할 뿐이어서 함께 있으면 숨이 막혀 올 때가 많았다. 그날은 유난히도 무더웠다. 38도를 웃도는 날씨였으니 체감온도는 40도가 넘을 것 같았다. 땀이 온몸을 적시고 선글라스에 모자까지 쓰고 토시까지 꽁꽁 싸매어도 뜨거운 열기는 피할 수 없었다.

그런 날 아들이 밖으로 바람이나 쐬러 가자고 했다. 나는 말없이 아들의 꽁무니를 따라갔다. 어차피 물어도 대답해 주지 않을 것 같아서다. 아들은 여기저기 차량을 피해 가며 바쁜 걸음으로 앞서 나갔다. 가끔 내가 따라 오는지 확인차 뒤를 보기는 하는 것 같았다. 한 시간쯤 걸었을까. 인내의 한계를 느꼈을 때 내가 어디 가냐고 물었다. 그런데도 들리지 않는지 곧장 앞장서 가고만 있었다. 횡단보도가 나왔을 때 얼른 걸음을 재촉하여 발을 맞추고 재차 물었다. 아들은 나를 보더니 그냥 걷고 있다고 했다. 말문이 턱 막혔다.

날이 너무 더워서 어디라도 들어가자고 했다. 근처로 들어간 곳이 식당이었다. 아들이 알아서 요리 몇 가지를 주문했다. 다행히 말하지 않았는데도 시원한 음료수 한 잔을 시켜주었다. 땀을 식히고 있을 때도 별다른 말이 없었다. 어디서부터 이야기를 꺼내야 할지 무슨 말을 해야 할지 알 수 없었다. 하지만 굳이 말하지 않아도 괜찮았다.

음식은 깔끔하고 맛있었다. 아들은 식사를 마친 후 앞장서서 다시 걷는다. 또 어디를 가는지 모른다. 반사적으로 따라나서면 되었다. 편하기는 했다. 아무것도 결정하지 않아도 다 알아서 해주니까. 평생을 무언가를 결정하면서 살아왔는데 '이런 생활도 나쁘지 않구나!' 하는 생각이 들었다. 단순한 삶이다. 걷다가 배고프면 먹고, 힘들면 카페에 들어가 쉬고, 말하지 않아도 되고, 그다음 계획도 없고 무엇을 하지 않아도 되었다.

한 30분쯤 걸었을까. 풍경이 한눈에 보이는 카페가 보였다. 야외 테라스도 있고 실내 탁자도 있었다. 어디에 앉을지 고민하다가 긴 테이블이 이어진 자리에 나란히 앉았다. 주문했던 음료가 나오고, 젊은 남녀들이 다정하게 차를 마시는 모습을 보니 어색함이 조금씩 풀리기 시작했다. 요즘 직장생활은 어떤지 물어보고 싶은데 어떻게 첫마디를 시작해야 할지 난감했다. 이상한 일이다. 나는 어디서도 얘기를 할 때나 대화를 나눌 때 이렇게 어려웠던 적이 없었는데 아들 앞에서는 주눅이 든다. 죄지은 것도 없는데 말이다.

분위기에 젖어 음악을 듣다 보니 어느 순간 아들과 조

곤조곤 이야기하게 되었다. 한번은 물어보고 싶었던 말이 있었다. 어렸을 때 느꼈을 공부에 대한 부담감이 어땠는지 궁금했지만, 아들은 아무 말이 없었다. 예전에 나는 계획형 인간이라 항상 아들과 여러 면에서 의견이 맞지 않았다. 그것을 풀어보고 싶었다. 이제는 좋은 추억으로 기억될지 마음속의 응어리로 남아있을지는 모른다. 아들은 내 이야기를 들으면서 가만히 눈을 감고 노을의 따스함을 감상하는 듯했다. 긍정도 부정도 아닌 느낌이었다.

서서히 노을이 짙어 갈 때 아들은 자신의 이야기보따리를 조금씩 풀기 시작했다. 회사를 이직해야 하는지에 대한 고민부터 사람들과의 관계와 어려움까지 털어놨다. 답을 찾는 것은 아니었다. 그냥 자신의 이야기를 하는 기분이었다. 내가 도움이 될 수 있으면 좋겠지만 그렇게 못하더라도 괜찮다. 서너 시간이 흘렀다. 노을이 지는 카페에서 아들과 나눴던 둘만의 시간이 참 오래도록 기다렸던 시간이었음을 새삼 느꼈다.

나에게는 두 가지의 노을이 생겼다. 한 세대가 오고 한 세대는 떠날 준비를 하는 노을이다. 우리의 인생 마지막에는 모든 것이 그저 자연의 품으로 돌아가야 한다. 비록 말은 없지만 아들과 함께 보았던 저녁노을은 가슴 속에 한 폭의 그림으로 남아있다. 아들이 나이 들어갈 때, 우리가 황혼의 노을을 바라보며 했던 엄마의 이야기를 기억하고 있을지 모르겠다. 하지만 아들을 통해 한 세대를 맞이하는 멋진 노을을 감상할 수 있어 행복했노라고 말하고 싶다.

테마수필 1

집

작은 집　김기화

움직이는 액자　강수정

서울 집은 다 똑같아　김옥순

빨랫줄　김은진

쮸비와 옐레　김정주

집 나와 버스 타고　박근애

내가 돌아갈 집은 어디인가　이강숙

즐거운 나의 집　이수경

이야기를 담은 '집'　조진명

성남 꼭대기 집　홍성님

작은 집

김기화

나는 흙집에서 태어났다. 흙집이 사라질 때는 남쪽의 한 도시에 있었다. 흙집에서 살았던 시간보다 도시 어딘가에 기대 살았던 시간이 더 많았을 때다. 그래도 사라지는 흙집을 많이 아쉬워했다. 지금도 여름엔 시원하고 겨울엔 따뜻했던 온돌방이며 뒤란의 장독대와 앵두나무, 포도나무가 있던 풍경을 볼 수 없는 게 참 아쉽다.

비가 오면 문지방에 기대앉아 처마에서 떨어지는 빗물을 넋 놓고 바라보던 그때가 그립다. 안방과 건넌방으로 통하는 작은 쪽문이며 낮은 다락 안의 온갖 잡동사니들과 깨진 거울이 붙어있던 장롱과 앉은뱅이책상까지. 그 집은 처음부터 사라질 때까지 오직 우리만 살았던 아주 작은 흙집이었다.

어려서 먹은 음식을 나이 들어 다시 찾게 되는 것처럼 '집'도 그런 것 같다. 언감생심이지만, 요즘 내가 꿈꿔보는 것 중 하나가 작은 황토집이다. 관심을 두고 보니 통나무집에서부터 트리하우스, 농막에 이르기까지 작은 집을 짓는 사람들이 의외로 많았다. 휴식이나 아이들을 위한 공간으로 만들기도 하지만, 사람 냄새 묻혀가며 사는 작은집도 꽤 된다.

경북 예천에 사는 농부도 그중 하나다. 여섯 평짜리 집을 3년에 걸쳐 지었다는데 밭을 일구며 나온 돌을 모아 집 짓는 데 사용했다. 1층은 주방과 거실, 두 평짜리 2층에는 침실을 만들었다. 평면으로 올린 지붕 위에는 잔디 씨를 뿌려 공중 정원으로 만들었다. 침실 창으로는 마을과 높고 낮은 산이 들어와 그대로 액자가 되었다. 밖의 산자락 능선에 맞춰 초록, 연두 등의 한지를 찢어 붙인 벽지 덕분에 방안으로도 산이 들어온 느낌이다.

커다란 바위를 병풍 삼아 지은 집 앞으로 강줄기 같은 길이 세 갈래로 갈라져 있다. 언덕으로 올라가는 길과 밭으로 산그늘 아래로 이어지는 길의 중앙에 레고 블록 두 개가 이어진 것 같은 작은 집이 있다. 부부는 함께 비트 농사를 짓는다. 비트 판 돈은 집 짓는데도 들어갔다. 밖으로 낸 수돗가에 타일을 붙이던 날, 부부가 가우디 오마주라고 생각한다며 활짝 웃었다. 그들 얼굴에 친구 부부 얼굴이 겹쳐졌다.

친구 부부도 오래전 버섯 재배하는 하우스에 집을 만들어 살았다. 집이랄 것도 없는 방 한 칸에 살며 소원이었던 수도를 설치하던 날 시멘트를 바르고 자신들의 이름을 새기며 그렇게 행복했다던 부부다. 둘은 지금 제2의 인생을 살아보자며 각자의 길을 가고 있다. 친구인 아내는 남쪽의 한 소읍에서 일하는데 그러고 보니 안부를 물은 지 꽤 되었다.

예천의 농부는 한옥학교에서 4개월간 공부도 하고 현장에서 3년 동안 일하며 집 짓는 기술을 익혔다고 한다. 그러니 여섯 평 집은 6년여에 걸쳐 얻은 결실이라 해도 과언이 아니겠다. 총 재료비가 1,400만 원이 들었다는 집. 아내는 집이 작지만 소박한 행복이 늘어나 좋다고 했다. 집 앞에는 부부가 짓는 만 오천 평 비트밭이 펼쳐져 있다. 밭이 그들의 마당이고 정원인 셈이다.

꼭 필요한 것만 있는 그들의 집을 보며 우리 집을 돌아봤다. 가만히 살펴보니 없어도 될 물건들이 많다. 작은집으로 옮기며 물건을 꽤 비웠다. 그런데 살다 보니 짐이 늘어났다. 여섯 평의 집을 손수 짓고 부부가 살아가는 집과 비교하면 우리 집은 궁궐이나 다름없다.

충북 제천에 가면 '작은집 건축학교'가 있다. 이 학교에서는 수강생들이 8일간 함께 숙식하며 5.5평의 작은 집을 짓는다. 완성한 집은 판매도 한다. 인테리어 사업을 하다가 망하는 바람에 부모님 집에 얹혀살았던 부부가 학교를 운영한다. 부모님 눈치가 보여 과수원에 작은 집을 지은 게 '작은집 건축학교'의 시작이다. 패널로 지은 작은 집에 살았던 그때가 가장 행복했다는 부부는 지금도 건축학교 마당에 있는 작은 집에 산다. 부부는 작은집이 모여 있는 '작은집 마을'을 꿈꾼다. 지금은 수강 신청이 하늘의 별 따기 정도로 어렵다고 하니 현재진행형인 그들의 꿈이 곧 현실이 되지 않을까 싶다.

그들이 지은 작은 집을 보고 있으니 집은 작을수록 좋다는 생각이 확고해진다. 집이 작으면 작은 대로 살아진다. 넓어지면 그만큼 자주 쓰지 않는 짐이 늘어날 뿐이다. 그동안 나고 자랐던 흙집을 떠나 다양한 집을 전전하며 살았다. 또 결혼해서 지금까지 대략 아홉 번 정도의 이사를 한 것 같다. 짧게는 2년, 길게는 7년을 살았던 다양한 유형의 집에서 일어났던 좋고 나빴던 모든 일이 이제는 추억이 되었다.

둘에서 넷이 되었고 다시 둘이 된다면 정말 작은 집에 살아도 괜찮겠다는 생각이 든다. 이왕이면 황토집이면 더 좋겠다. 꿈이다.

움직이는 액자

강수정

 우리 집에는 움직이는 액자가 있다.

우리 집은 남편 직업으로 인해 2년에 한 번씩 이사한다. 신혼 때는 관사 2층에 살았다. 바깥 하늘을 제대로 보려면 밖에 나가야만 했다. 두 번째 집 역시 2층이었고 앞에 관사로 막혀 있었다. 세 번째 집은 민간 아파트 4층이었는데 역시나 앞 동이 고층 아파트였기에 아침에 30분 정도만 햇빛이 들어오니 빛을 볼 수 없었다. 하늘 역시 집에서는 보기가 힘들었다.

지금은 네 번째로 이사한 집에 살고 있다. 나는 지금 집이 너무 좋다. 여태 살던 집보다 넓기도 하지만, 일단 우리 집에서는 하늘도 보이고 날아가는 새도 보인다. 특히 뒤쪽 발코니 창문은 우리 집의 움직이는 액자다.

이사 오고 아이들을 두 달 정도 원에 보낼 수 없었다. 육아를 한창 하다가 너무 지쳐 한숨을 푹, 내쉬고 있는데 발코니 창문으로 하늘이 훤히 보였다. 너무 좋아서 멍하니 바라봤다.

그날은 하늘이 유난히도 화창하고 깨끗했다. 기분 좋게 하늘을 보고 있는데, 무언가가 지나갔다. '어, 저게 뭐지?' 비행기가 갑자기 지나가는 거다. 너무 놀랐다. 순간, '어, 액자가 움직이네?'라는 생각이 들었다. 정신을 차려보니 우리 집 발코니 창문이었다. 나는 그날부터 우리 집 발코니 창문을 움직이는 액자라고 여기기 시작했다.

결혼 7년 차에 이사만 네 번. 이렇게 마음껏 하늘을 볼 수 있는 것도 감사한데, 비행기까지 지나가다니. 그날은 모든 게 감탄스러웠다.

요즘은 몸과 마음이 지칠 때면 밤에 애들 재워놓고 발코니 창문을 바라본다. 멍하니 하늘을 볼 수 있음에 감사하다. 그리고 해가 질 무렵 주황, 분홍, 빨강으로 바뀌는 하늘을 보러 아이들과 발코니로 간다. 하늘을 보다가 아래를 보면 저마다 바쁘게 가는 버스, 자동차, 소방차와 구급차도 보인다. 아이들도 밤에 바깥 풍경 보는 것이 좋은지 종종 보여 달라고 한다.

나는 우리 집이 너무 좋다. 요즘도 마음이 지칠 때면 해 질 녘, 발코니에 그려진 풍경을 본다. 하얗게 불이 켜진 아파트와 바쁘게 움직이는 자동차들, 어둠을 밝혀 주는 빛들이 너무 좋다. 그리고 '다들 바쁘게 살아가고 있구나. 나도 열심히 살아가야겠다.'라는 생각도 들고, 빨간불로 차들이 멈춰 있는 걸 볼 때면 '아, 이제 나도 좀 쉬어가야겠다.'라고 다짐한다. 모든 사물은 어떻게 바라보느냐에 따라 받는 감정도 다르다. 나는 오늘도 우리 집 움직이는 액자를 보며 마음을 정화하고 살아가는 방식을 배운다.

우리 집에는 움직이는 액자가 있다.

서울 집은 다 똑같아

김옥순

요즈음은 아파트 이름이 복잡하여 외우기 힘들다. 어느 아파트는 이름이 무려 스물네 자나 된다고 하니 기억하기 쉽지 않겠다. 한 도시에도 이름이 같은 아파트가 여기저기 있으니, 손님도 집 찾아가기가 어렵다. 아는 분이 동생 집을 찾아갔다가 헤맸다는 이야기가 이해된다. 오래전 친정엄마도 우리 집을 찾아 헤매다 "서울 집은 다 똑같아"라고 한 말이 생각난다.

큰 딸인 네가 결혼하더니 첫딸을 낳고, 이어서 둘째를 가졌다니 얼마나 반가웠는지 모른다. 안 그래도 사위가 나이가 많아 걱정이었는데, 얼마나 다행이었는지 몰라. 그런데 한가지 걱정이 생기더구나. 우리 집이 아들이 귀하잖니. 네 외할머니도 나도 딸만 내리 낳았거든. 그런데 큰 딸인 네가 또 딸을 낳으면 '저 집은 엄마를 닮아서 삼 대째 아들이 없다'는 말들을 할까 봐, 그 말을 듣는 게 죽을 만큼 싫었거든. '아들이 별거냐' 싶으면서도 늘 기죽었거든.

그래서 자나 깨나 너는 손자를 낳았으면 하는 생각을 했어. 그런데 동네 사람들과 이야기하다가 '아들 낳는 비법'이라는 걸 듣게 되었지 뭐냐. 몇 날을 고민하다가 고지식하고 점잖기만 한 네 아버지한테 이야길 했지. 그런데 내가 여러 차례 망설이다 말했는데, 아버지는 조용히 듣고만 있더라고. 그러고 며칠이 지났을까. 아버지가 손자만 낳을 수 있다면 무슨 짓인들 못 하겠느냐며 한번 해보자고 하시데. 그런데 그 방법이란 게 아들 낳은 집에서 내건 금줄에서 고추 하나를 빼다가 임산부에게 먹이라는 거였어. 임신하고 삼 개월을 넘기면 안 된다는 거야. 마침, 동네에 아들 낳은 집이 있었지 뭐냐. 손자를 봐야 한다는 욕심에 고추 하나를 빼서 가방에 잘 챙겨 넣고 서울행 버스를 탔어. 너한테는 내가 간다고 말을 할 수 없는 게, 동네 어느 집에서 아들을 낳고 금줄을 내걸지 알 수 없어서였지.

나는 힘든 줄도 모르고 네 시간 동안 버스를 타고 마장동 터미널에 내렸지. 네가 사는 용두동 집이야 두어 번 가봤잖니.

버스에서 내려 국수로 점심을 먹고, 출발하려고 가방에서 주소 적은 종이를 찾으니 사위 직장 전화번호만 있더라. 어렵게 공중전화기를 찾아서 전화를 몇 번 해도 자리에 없는지 받지 않더라. 그제야 하늘이 노래지며 정신이 없더라구. 하는 수 없이 짐작으로 너희 집을 찾아보기로 했어. 찾다가 안 되면 경찰관에게라도 부탁하자는 마음도 있었구.

마장동 터미널에서 용두동은 멀지 않아서 씩씩하게 미도파까지는 잘 찾아갔어. 으리으리한 한옥이 모여 있는 동네였지. 그 건너편에 네가 세 들어 사는 집이 있었어. 그런데 단층으로 된 양옥집이 수십 채 있더라. 그래도 와봤으니 찾을 것 같아서 골목으로 들어갔는데, 세상에 집들이 모두 똑같아. 주소도 모르지, 사위와 통화는 안 되지. 그야말로 내가 서울 와서 김 서방을 찾는 꼴이더라.

손녀와 네 이름을 부르며 한참을 찾아다니다가 주저앉았어. 마침, 지나가는 경찰이 보여서 불러 세워 자초지종을 말하고 도움을 청했더니 타고 있던 오토바이에 올라타라데. 시골 노인네가 부끄러운 줄도 모르고 탔어. 그렇지만 모두 똑같은 집인데 어떻게 찾겠어. 경찰관도 몇 바퀴를 돌다가 포기하고는 다시 마장동 터미널에 내려 주더라. 주소 없이 서울까지 온 나를 자책하며 홍천 가는 버스에 몸을 구겨 넣고는 그대로 곯아 떨어졌지. 막차 타고 집에 가서 눈 붙이고 다시 서울 가는 첫차를 탔네. 어렵게 구한 고추를 어떻게든 너에게 먹이려는 마음뿐이었거든. 다시 생각해도 어디에서 그런 힘이 났는지 몰라. 아픈 것도 힘든 것도 없더라. 대대로 아들이 없어 받은 설움을 너에게는 물려주지 않겠다는 마음이 커서 그랬겠지.

몇 시간 후 갑자기 올라온 날 보고 네 눈이 동그래졌었지. 널 보자마자 배가 고프다고 했다. 고추를 먹일 생각에 내가 얼큰한 찌개가 먹고 싶다고 했더니 네가 김치찌개를 끓이겠다고 하데. 잘됐다 싶었다. 네가 우는 손녀를 달래고 있을 때, 바로 이때다 싶어서 가방에 고이 모서 온 빨간 고추 한 개를 대충 잘라서 냄비에 넣었어. 그리고 방에 들어와서 눈을 감아 버렸어. 이제 네가 찌개를 먹기만 하면 되는데, 밥상을 들고 들어온 네가 물었어. "엄마, 왜 찌개에 고추를 넣었어?" 시침을 떼고 무심하게 말한 거 기억나니? "가방에 고추가 하나 있더라. 아까워서 넣었지" 별 의심 없이 찌개를 먹는 네가 그렇게 예쁘더라. 그날은 이틀이나 서울에 오르내렸으니 피곤해서 그냥 쓰러졌어. 사위 얼굴도 못 보고 잤을 거야. 그런데 서울 집들은 왜 다 똑같다니.

몇 달 후 나는 아들을 낳았다. 엄마는 귀하디귀한 손

자라며 좋아했고, 남편도 시어머니도 아들 낳았다고 얼마나 좋아하셨는지 모른다. 그때 엄마와 아버지는 평생 소원을 이룬 것 같다며 "우리 집도 아들이 생겼다"고 자랑도 많이 하셨다. 그리고 금줄에서 고추를 빼 온 집 아들도 건강하게 잘 자란다는 이야기도 해주셨다.

 엄마는 주소도 없이 서울 우리 집을 찾아왔던 이야기를 수십 번은 하셨을 거다. 그런데 아들 낳은 집 금줄에서 빼 온 고추를 김치찌개에 넣은 이야기는 오랜 시간이 지나서야 해주셨다. 고추 하나를 먹이겠다고 네 시간을 버스로 달려왔다가 다시 내려갈 때의 엄마 마음은 어땠을까. 내가 생각해도 그때 우리가 살던 양옥집들은 다 똑같았다. 그러니 엄마 눈에는 서울 집들은 다 똑같아 보였을 거다.

빨랫줄

김은진

칠월 초, 세차게 내리는 비를 시작으로 장마는 시작되었다. 턱이 낮은 부엌과 부뚜막, 연탄이 흠뻑 젖을까 걱정되었던 나는 여름이 너무 싫었다 장마철이면 빗물이 넘쳐 부엌으로 들어왔다. 쌓아 놓은 연탄은 흔적도 없이 와르르 무너졌다. 빗물이 방으로 들어올세라 세숫대야와 바가지로 비지땀을 흘리며 밖으로 퍼 냈다. 밀려들어 오는 비를 막을 수 없다는 것을 알지만 낡은 가구가 젖을세라 용을 쓰며 열심히 빗물을 밖으로 퍼냈다, 집 안으로 밀려 들어오는 물을 퍼내는 것인지 허우적대며 물장구를 치는지 모를 만큼 장맛비는 그칠 기미가 전혀 없었다.

친정엄마는 가느다란 다리와 빼빼 마른 몸으로 무거운 광주리를 이고 천 리 길을 마다하지 않고 생활 전선에 뛰어들었다. 반백수로 사는 아버지를 대신하여 학비와 먹거리를 대기 위해 열심히 사셨던 엄마는 자식들의 본보기였고 존경의 대상이었다. 하늘이 수고와 정성을 아셨는지 멋진 기와집을 선물로 안겨주었다. 벽돌로 집을 짓고 작은 창문도 내었는데, 모두 엄마의 긴 시간의 노고 덕분이었다. 창문 밖 벽면에는 빨랫줄이 생겼고 삶아 빤 깨끗한 속옷과 옷들이 걸려 바짝 말라갔다. 저녁 무렵. "언니, 엄마가 빨래 걷어오래." 하면 친구와 웃고 떠들던 언니는 마른빨래를 걷어왔고 손에 닿는 하얀 빨래의 좋은 촉감은 엄마의 깔끔함을 나타냈다.

온 가족은 새집에서 꿈같은 생활을 했고 사는 것이 재미가 있었다. 꿈만 같았던 시간 속에 초등학교 2학년이었던 내게 속상한 일이 벌어졌다. 같은 동네 살던 H 회사 사장 딸 은성이는 곱게 자란 공주였다. 친구들은 은성이의 초콜릿 유혹에 으리으리한 철대문으로 들어갔고 초콜릿을 먹는 그들의 모습을 나는 철대문 밑으로 내려다보며 군침을 흘리며 부러워했다. 라면땅이 최고였고 눈깔사탕이 전부였던 내게 초콜릿은 꿈도 꿀 수 없는 그림의 떡이었다.

이른 아침이면 엄마는 어김없이 "막내야, 콩나물과 두부 사 와."라며 나를 깨웠다. 떠지지 않는 눈을 비비며 가기 싫은 가겟집으로 터덜터덜 걸어가서 사다 주었다. 그날 아침은 된장찌개와 맛있는 콩나물무침에 약주를 너무 좋아해 술고래였던 아버지를 위해 얼큰한 콩나물국이 밥상 위에 올라왔다. 온 가족 모두 손맛 좋은 엄마의 음식을 맛있게 먹었고 기분 좋은 하루가 시작되었다. 초콜릿은 없지만, 우리 집은 사랑과 행복이 가득한 집이었다. 술고래였던 아빠를 제외하고는 모든 것이 만사 오케이였다.

백수로 놀고먹는 아버지로 인해 엄마는 힘들어했고, 결국 방 두 칸에서 하나는 월세로 내주고 말았다. 좁은 방 하나에 살을 붙이며 자기도 했고, 다리 하나 올리며 따뜻한 온돌방에서 그렇게 여섯 식구가 살았다. 매달 나오는 월세로 엄마의 허리는 조금씩 펴졌다. 자식들에게 가난의 대물림을 주지 않기 위해 억세져야 했던 우리 엄마. 음식 솜씨가 좋아 동네 형님들이 청하면 가서 일을 해주시고 품삯으로 현금도 받았지만, 가끔은 먹을 것을 가져오셨다. 기다리던 가족들을 위해 음식도 챙겨와 배불리 먹이셨다. 그런 가난한 환경 속에서 오빠가 취직을 하여 엄마에게 커다란 기쁨을 안겨주었다. 자랑거리가 되었던 하나뿐인 오빠는 고생하신 엄마에게 열심히 보답했다. 엄마 덕분에 우리 형제 모두 어긋나지 않고 잘 자랐다.

월세로 들어왔던 경환 엄마는 어엿한 주인이 된 엄마에게 한없이 잘하셨다. 좋은 사람이 들어와 집안은 한결 평안했고 정을 나누며 가족처럼 살았다. 점심때면 늘 양푼에 밥을 비벼 가족처럼 같이 먹었다. 그때의 일이 추억으로 저장된 것에 감사하다. 장마철이 되면 세입자나 집주인이나 둥둥 떠다녔던 물건을 하나라도 건지려고 힘껏 잡으며 지냈던 우리 집. 그렇게 시간은 소리 없이 지나 해를 넘기던 어느 여름날 날벼락 같은 소식이 전해졌다. 구청에서 재개발을 하니 집을 비우라는 통보였다. 엄마는 생애 처음으로 장만한 집을 못 비운다며 울면서 싸웠지만, 힘없는 서민은 결국 적은 보상을 받고 쫓겨났다. 집은 서서히 흔적도 없이 허물어졌다.

삶의 터전을 잃은 가족은 우중충한 집으로 이사를 하게 되었다. 아픈 기억도 세월이 약이 되었는지 점차 기억에서 지워져 갔다. 현실에 충실하며 살았지만 좀처럼 나아지지 않는 살림은 어쩔 수 없었다. 하지만, 가난은 죄가 될 수 없다. 특히 열심히 사신 우리 엄마에게는 말이다. 다만 노력하지 않은 자가 요행을 바라는 것이 죄일 뿐이다. 한평생 자식들의 안위를 위해 사셨던 엄마는 결국 치매로 고생하시다 운명하셨지만, 그 삶 속에서 한 가지 배운 것이 있다. 열심히 살면서 저축하는 법을.

결혼 후 저축이 1순위가 되었고 10년 만에 집을 장만

했다. 전세에서 내 집을 장만하니 부러울 것이 없었다. 어렸을 적 벽에 걸린 빨랫줄은 아니지만, 베란다에 설치한 빨랫줄에서도 빨래는 잘 마르고 있다. 고층에 사니 물난리 날 걱정도 없다.

노후의 편안한 생활을 위해 더 열심히 살 것이다. 저축만이 삶을 윤택하게 한다는 것을, 엄마를 통해 확실히 깨달았다. 오늘도 셈을 하고 지폐를 세어보며 두 발 뻗고 편안한 모습으로 먼 미래의 나를 생각하며 밝은 미소를 지어본다.

"이 세상에 저를 막내로 태어나게 해주신 것 고맙습니다. 절대 실망하시는 일 없게 잘 살게요. 엄마, 보고 싶어요."

동화

쮸비와 엘레

김정주

내 이름은 쮸비. 나는 노란색과 흰색 털이 섞인 고양이다. 올해 여덟 살인 나는 아파트 8층 802호에 8년째 살고 있다. 이 집 세탁실 옆에 있는 캣타워는 내가 좋아하는 안식처이다. 여기서 내려다보는 저 아래 세상은 언제나처럼 평화롭다. 나에게 저 땅 밑은 두렵지만 궁금하기도 한 곳이다. 가끔은 꿈을 꾸기도 한다.

"엄마, 엄마."
'우당탕 쿵쿵'
"이리 와, 아니 그거 말고."
'우당탕 쿠당탕'

"엄마, 엄마. 이 토끼가 저 토끼랑…."

집사의 아이들은 새벽부터 일어나 잠을 깨우고는 여기저기 뛰어다닌다. 책이나 장난감을 뿌려댈 뿐 아니라 어찌나 시끄럽게 조잘대는지 어서어서 유치원으로 떠나주기를 기다리며 견디는 중이다. 예의 없는 이 인간들을 언제까지 참아내야 하는지에 대하여 옆에 있는 엘레와 늘 얘기한다. 엘레는 검정과 흰색 털의 잘생긴 턱시도 고양이이다. 나와는 자매인데 사실 좀 까다로운 성격이어서 나나 되니까 맞춰가며 살아간다고 생각한다. 인간 아기들을 처음 만났던 때를 생각하면 좀 아찔하기도 하고 이만큼이나마 키운 내가 자랑스럽다.

집사를 처음 만난 날이 생각난다. 그때도 지금처럼 추운 날이었다. 엄마는 우리에게 꼭 그곳에 있어야 한다고 당부하곤 가셨다. 우리 셋은 영문도 모른 채 뒤엉켜 있었다. 그곳은 어느 집 베란다 아래 박스 속이었는데 엄마는 그곳에 있으면 우리를 구해줄 이가 꼭 올 거라고 했다. 엄마는 아직 엄마 젖이 필요한 우리에게 몸이 아파 이젠 젖을 줄 수 없다고 했다. 그게 우리를 위한 일이라고 말했지만 믿을 수 없었다.

한참을 웅크리고 우리를 도와줄 이를 기다려 봤지만 오지 않았다. 얼마나 더 있어야 하는지도 알 수 없었다. 우리가 의지할 것이라고는 서로의 체온 말고는 없었다. 우린 너무 춥고 배가 고파서 그만 박스 밖으로 기어 나와서는 온기가 있을 만한 곳을 찾아 비척비척 헤매고 있었다. 그러던 중 첫째가 자기가 나서 보겠다고 큰소리치며 먼저 거리로 나갔다. 첫째는 한참이 지나도 돌아오지 않았다. 둘째와 나는 어찌할 바를 몰라 끽끽, 목멘 소리만 내며 떨었다.

시간이 얼마나 지났는지는 알 수 없다. 이제 배가 고픈지도 모르겠고 떠나버린 엄마와 첫째 생각도 가물가물해질 무렵 어디선가 따스한 감촉이 느껴지고 몸이 들어 올려지더니 우리는 어느 인간들의 집 안으로 들어와 있었다. 눈을 뜰 힘조차 없어 엄마가 말한 그것인지 알아볼 수도 없었다. 입속으로 뭔가 따스한 액체가 들어오는 걸 느끼며 정신이 혼미해졌다. 눈을 떠보니 집안은 따뜻했고 둘째가 옆에 함께 있어서 조금 안심이 되었다. 인간들이 말하는 것으로 보아, 길에 먼저 나선 첫째는 지난밤 추위에 얼어 죽은 채 발견되었고 죽은 첫째로 인해 우릴 찾아낸 것 같았다. 슬프게도 이제 우리 둘만 남겨졌다.

보드랍고 아늑한 방석 위에 누워있자니 나른해지며 잠이 왔다. 하지만, 이 인간들이 우리가 집사로 삼을 만한 인간인지는 아직 판단할 수 없어서 불안했다. 게다가 우릴 처음 들어 올린 그 손길은 지금 이 집에 없다. 둘째는 아무 집사라도 상관없다는 듯 무심한 척하지만 그게 허세라는 걸 나는 안다.

다시 하룻밤이 지나고 지난밤 그 손길의 주인공이 우리를 찾아왔다. 바로 알아차릴 수 있었다. 반가웠다. 인간들의 생각은 모르겠고 난 이 손길의 주인공을 나의 집사로 정했다. 내 바람대로 둘째와 난 그 집사의 집으로 옮겨졌다. 그리고 둘째는 엘레, 나는 쮸비라는 이름을 얻어 그 집에서 살게 되었다

8층 802호에서의 새로운 시작이었다.

집사들이 착한 편이고 조용해서 살 만하다고 생각할 즈음 여자 집사가 아기를 낳았다. 그것도 1호와 2호 두 명씩이나. 엘레와 내가 사춘기에 접어들 무렵이었다. 인간 아기의 등장은 우리의 호기심을 무척이나 자극했다. 사실 여자 집사의 배가 불러올수록 기대도 생겼다. 몇 번은 잠든 여자 집사의 둥그런 배에 귀를 대고 우룽우룽 들려오는 소리에 신기한 맘이 들었던 적도 있다.

드디어 인간 아기들을 집으로 데려온 날 나는 얼른 다가가 냄새를 맡아보았다. 눈을 감고 새근새근 잠이 든 인간 아기는 따스하면서도 고소한 냄새가 났다. 좋은 예감이 들었다. 새침한 엘레는 멀찍이서 딴청을 피우는 척하다가 아기들을 베이비 침대에 눕힌 집사들이 물러나자마자 침대 턱에 두 발을 올린 채 잠시 들여다보더니 말없이 돌아서 박스 안으로 몸을 숨겼다.

예상과 달리 그날부터 우리의 평화는 깨졌다. 시시때때로 고막을 뒤흔드는 소음은 정말이지 옷장 속의 털 뭉치에 머리를 쑤셔 박아도 끝없이 따라왔다. 인간 아기들은 정말 못 말린다. 미친 듯이 악을 쓰다가도 잠시 후 달콤한 냄새를 폴폴 날리며 잠이 들면 그 애를 좋아해야 할지, 미워해야 할지 도무지 종잡을 수가 없다. 뒤뚱뒤뚱 걷다가 그만 내 꼬리를 밟고 넘어져 버렸을 때는 화가 나서 복장이 터질 지경이었지만 하아, 맘 넓은 내가 참아야지 어쩌겠는가. 그래도 이제 좀 컸다고 손가락으로 눈을 찌를 것 같진 않으니 키운 보람이 있다고 할까.

  나의 휴식처이고 놀이터였던 거실은 아기들의 요란한 보행기며 소란스러운 딸랑이 등 온통 내가 싫어할 만한 잡동사니들로 난장판이 되었다. 난 지저분한 건 딱 질색인데 여자 집사는 요즘 좀 제정신이 아닌 것 같다. 간식 시간도 자꾸 까먹어서 꼭 말해야 주고 때때로 화장실 청소도 제때 하지 않아 잔소리하게 만든다. 나를 그렇게나 예뻐해서 겨드랑이에 끼고 자던 남자 집사도 집에 돌아오면 나에겐 인사치레만 하고 뭐가 그리 좋은지 도대체 인간 아기들에게서 눈을 떼지 않는다. 뭐 나도 가끔은 인간 아기들이 귀여울 때도 있다. 특히 그 애들이 잘 때 내는 소리는 여느 자장가 못지않다. 그 애들이 덮은 이불에선 마치 엄마 냄새가 나는 것 같아 엄마 생각에 눈물이 찔끔 날 때도 있다. 그럴 때면 엘레와 둘이서 꼭 끌어안고 잔다. 엘레는 나와 잘 맞는 편이긴 하지만 가끔은 너무 예민하게 군다.

"나 중2병이야 건드리지 마"하며 토라질 때면 양 펀치 몇 대쯤 갈겨주고 싶다.

그날도 전날 있은 엘레와의 불화로 서로 눈치만 살피고 있던 참이었다. 까칠한 엘레가 소파를 차지하기 전에 내가 먼저 가야 하는데 어제 먹은 사료 맛이 예전과 다르더니 아니나 다를까 배가 살살 아파지며 짜증이 났다. 거실 창가에 있는 내 소파로 가려면 험난한 장애물들을 거쳐야 하는데 언제 화장실이 급하게 될지 모르는 지금 같은 상황에선 식탁 밑 구석에 쪼그리고 있는 게 상책이다.

'아 괴롭다. 도무지 되는 일이 없다.'

그때였다.
"으앙으앙, 아아아아~~~"

엘레와 난 깜짝 놀라 자세를 잡았다.

'비상, 비상….'

울음소리를 계속 듣다 보면 귓속에 매미가 백 마리쯤 들어앉은 것 같다. 배는 계속 부글거리고 거실 한가운데서 울어 젖히는 인간 아기 2호의 악다구니는 내 인내심을 자극한다.

바로 그때 뭔가 '삐익 삐익 삐이익' 소리가 내 귀를 찔렀고 제정신이 아닌 나는 그 소리를 향해 펄쩍 뛰어올랐다. 그 소리는 마치 날카로운 송곳이 나의 고막을 찢고 들어와 뇌를 통째로 뒤흔들어 버리는 것 같았다. 뭔가에 충돌하며 거칠게 대항하려 몸부림을 친 것 같다. 인간 아기 1호와 2호는 울고불고 난리가 났고, 집사는 흥분한 나를 떼어 놓느라 수건을 휘두르고, 그 바람에 테이블 위의 물건이 내쳐지고, 날아오는 물건을 피하느라 엘레까지 후다닥거리고, 때마침 현관문 소리까지 났다. 나는 정신없이 작은방 구석으로 숨어들었다.

얼마 후, 집사 부부가 나를 어찌할지에 대하여 심각하

게 얘기하는 것 같았다. 가만히 들어보니 인간 아기 1호가 장난감 피리를 부는데 내가 난데없이 달려들어 1호의 팔에 상처를 냈다고 한다. 그들은 나의 기분 따위는 아랑곳하지 않는다. 우는 아기 1호와 그 애 팔에 난 상처에만 신경을 쓸 뿐이다. 넋이 빠진 나는 억울하고 당황해서 컴퓨터 밑 구석에 동그랗게 꼬리를 말고 숨었다. 작은 방이지만 혼자 있자니 조용하고 좋았다. 책장에 들어가 이 책 저 책 독서도 좀 하고 캣타워만은 못하지만, 책상 위에 올라가 창문 밖 구름을 구경하는 것도 재미있었다. 구름은 한참 보고 있으면 엄마 얼굴이 되기도 하고 사라진 첫째의 얼굴이 되기도 했다.

내 눈치를 보며 주위를 서성이던 엘레가 슬며시 옆으로 올라왔다. 신기한 건 엘레도 구름이 엄마 닮았다고 했다.

"엄마는 어디 있을까?"

엘레가 머리를 기대며 말했다.

"엄마가 우리를 아직 기억은 할까?"

내가 힘없이 말했다.

"당연하지, 엄마잖아."

엘레는 내 턱 밑으로 파고들며 말했다.

"이 집사들과 살 수 없다면 난 어디로 가야 할까?"

한없이 슬픈 생각에 내가 말했다.

"걱정하지 마, 내가 있잖아."

엘레와 난 끌어안고 동그라미가 되어 한참을 있었다. 이대로 동글동글 굴러서 엄마한테로 갈 수만 있다면 얼마나 좋을까. 하지만 엄마는 아프다고 하셨고 엄마와도 함께 살 수 없다면 이 집사들이랑 같이 행복하게 살고 싶다는 생각에 마음이 차분해졌다. 자세를 고치며 엘레가 말했다.

"기억나니?, 너 옛날에 춥다고 자동차 보닛에 들어갔다가 하룻밤 사라졌던 적 있었잖아."

"맞아."

"그때 엄마가 밤새도록 너 찾아다니며 울었어. 난 엄마까지 잃을까 봐 얼마나 무서웠다고."

엘레가 쿡쿡 웃으며 이어서 말했다.

"다음날 그 차가 다시 돌아오고 거기서 네가 나왔을

때 꼬질꼬질한 게 정말 웃겼는데 ㅎㅎㅎ."

"ㅎㅎㅎ 생각난다. 질질 울던 너도 웃겼어. ㅎㅎㅎ."

엘레와 난 생각에 잠겼다.

"그때 말이야 엄마 따라 밥 먹으러 돌아다니던 거 생각나?"

"맞아, 맞아. 그 집 베란다 새시 열리는 끼기긱 소리가 우리를 부르는 신호였잖아."

"밥은 항상 쮸비 니가 일등으로 먹었잖아. 엄마의 지시에 따라 우린 줄줄이 앉아서 차례를 기다렸지. 맨 나중에 먹은 엄마는 밥이 모자랐을지도 몰라."

"그러고 보니 매번 밥 주시던 그분이 이 여자 집사의 엄마잖아. 요즘 좀 뜸하게 오시네."

"그치, 오실 때마다 반가워서 냄새도 묻혀드리고 털 좀 나눠드리고 했는데, 보고 싶다. 울 엄마도 보고 싶고."

엘레는 울먹이며 말했다.

"엊그제 여자 집사가 엄마 보고 싶다면서 전화하는 거 들었어?"

"들었지, 여자 집사가 울려고 해서 좀 가여웠어."

"맞아, 우리도 엄마한테 전화할 수 있었으면…"

난 서글프게 말했다. 엘레가 나에게 더 파고들며 말했다.

"엄마란 건 참 신기한 존재인 것 같아. 어떤 상황에서도 자신보다 아기를 먼저 생각하게 되나 봐. 우리 엄마가 아픈 몸으로도 우리를 데리고 다니며 숨는 법과 피할 곳을 알려주고, 그래서 이 집으로 올 수 있었잖아. 집사도 예전엔 우릴 그렇게 챙기더니만 그런 집사가 저 아기들의 엄마가 된 거잖아."

"그러네, 그런 아기에게 상처를 냈다니, 내가 정신이 좀 나갔었나 봐, 나도 너무 놀라서 발톱 감추는 걸 깜빡 잊었어."

'1호의 울음소리가 나지 않는 걸 보니 많이 아프진 않은 걸까.'

난 걱정이 되었다. 미안한 마음도 들었다. 그러자 신기하게도 구름은 아기 얼굴이 되기도 했다. 조금은 귀찮지만 때때로 귀엽기도 하고 고소한 냄새를 풍기는 인간 아기들이 뭘 하고 있는지 궁금해졌다. 아기가 놀아준다며 휘두르는 낚싯대는 은근히 자존심을 상하게 해서 짜증이 나면서도 재미있던 생각이 났다. 아기들의 조잘대는 소리를 들으며 낮잠에 빠져들던 때가 그리웠다. 저 구름도 소파 위에서 아기들과 함께 보고 싶어졌다.

그때 여자 집사가 들어와선 내 등을 살짝 만져줬다. 집사의 손길이 언제나처럼 다정하고 정겨웠다. 미안한 마음에 나도 고개를 젖혀 집사를 문질러 주었다. 집사가 방문을 열어놓은 채 나갔지만, 난 쑥스러워서 한동안 따라 나가지 못했다. 말랑말랑해지는 마음을 끌어안고 잠이 스멀스멀 밀려오는데, 방문 앞에서 1호가 흔드는 낚싯대 끝이 보일 듯 말 듯 어른거렸다. 갑자기 몸이 가벼워졌다. 내가 꿈꾸던 저 아래 세상의 평화가 8층 802호로 들어왔다.

집 나와 버스 타고

박근애

12년 전 그날 저녁, 난 버스정류장에 서 있었다. 겨울밤의 차가운 공기가 복잡한 마음을 조금 진정시켰다. 멀리서 노란색 마을버스가 나타났다. 빨리 떠나고 싶은 내 마음과 달리 버스 문은 천천히 열렸다. 삐-익. 사방을 둘러보았다. 2인석 바깥쪽 한자리만이 비어있었다. 옆 사람이 남자라 망설였지만, 최대한 두 다리를 모아 바깥쪽으로 빼 의자 끄트머리에 걸터앉았다.

어디로 갈까. 무엇을 할까. 아이들은 날 찾아 울고 있을까. 남편은 지금쯤 깨진 접시를 치우고 있을까. 머릿속은 뒤죽박죽 괴로웠다. 한숨을 쉬며 창 쪽을 봤다. 순간, 검은 차창 빛에 반사된 옆 남자의 눈과 마주쳤다.

빠르게 고갤 돌렸다. 남자에게서 풍긴 기분 좋은 냄새 때문일까. 잘 생겨 보인 남자의 얼굴 때문일까. 우습게 괜히 얼굴이 붉어졌다.

문득 과거 유명했던 광고도 생각났다. 사람이 붐비는 버스 안, 좌석에 앉은 여자가 옆에 서 있던 남자에게 수줍게 '저 이번에 내려요'라고 했다. 남자는 급히 따라 내리더니 '저는 두 정거장이나 지났어요'하며, 둘은 설레는 미소로 서로를 바라보았다. 너무 운명적이고 낭만적인 사랑이다. 지금 내가 "저 내려요"해도 당연히 이 남자는 따라 내리지 않는다. 알면서도 묘한 감정에 마음이 울렁거렸다.

20대에는 나도 영화 같은 사랑을 할 것 같았다. 하지만 내 사랑은 인위적인 만남에서만 찾을 수밖에 없었고 남편은 세 번째 연애 상대였다. 둘째 형부가 성실하고 똑똑한 데다 착하다며 그를 소개했다. 덧붙여 서른이 넘도록 연애 한 번 못 해본 요즘 말로 그는 '모태 솔로'라고 했다.

처음 만나는 날, 난 벨벳 재킷 아래 체크무늬 짧은 치마로 멋을 내고 약속 장소인 부평역 지하상가로 갔다. 중앙 통로 큰 기둥 옆에 키 작고 마른 그가 서 있었다. 그는 색이 진한 청바지 위에 검은 목티를 입고 있었다. 짙은 눈썹이 이목구비를 더욱 뚜렷해 보이게 했다. 가까이 다가갔을 땐 그에게서 은은한 향기가 났다. 떨리는 인사 후 〈내 머릿속 지우개〉라는 영화를 보고 저녁을 먹고 술 한 잔씩 마실 동안 그는 별로 말이 없었다. 나만 혼자 주절주절 떠들어댔다. 그런데도 내 얘기 중간중간 은은한 미소를 지으며 다정한 눈으로 가만히 들어주는 그가 싫지는 않았다. 밤이 늦어지자 우린 딱히 다음 만남을 약속하지도 않고 그냥 헤어졌다. 내심 서운했다.

다음날, 둘째 언니가 그가 날 무척 마음에 든다며 형부에게 여러 번 고맙다고 했다고 했다. 전해 들은 거지만, 그의 진심에 기분이 꽤 좋아졌다. 그 뒤부터 그는 무척 적극적으로 변했다. 그는 날, 부모님보다 더 공주처럼 귀하게 아껴주었다.

"네 생각 때문에 요즘 아무 일도 손에 잡히질 않아"

라며 날 어떻게 대해야 할지 조심조심하는 그의 행동에 설렜다. 만날 때마다 서로의 손을 땀이 나도록 끼고 다녔다. 내 손에 그의 감미로운 향이 배었다. 뭐든 내게 맞추어 주며 섬세히 챙기고 다정했던 그. 그윽한 눈빛, 편안한 체취, 떨리는 몸짓, 따뜻한 손, 부드러운 말투. 연애 시절 내 마음은 언제나 들떠 하늘을 날아다니는 하트 풍선 같았다. 그런데 시간이 흘러 그 풍선은 시나브로 쪼그라들었다.

어느새 버스 안은 노래로 가득했다. 김광석의 〈어느 60대 노부부의 이야기〉였다.

'곱고 희던 그 손으로 넥타이를 매어 주던 때 어렴풋이 생각나요. 여보 그때를 기억하오.
　……
다시 못 올 그 먼 길을 어찌 혼자 가려 하오. 여기 날 홀로 두고 여보 왜 한마디 말이 없소. 여보 안녕히 잘 가시게.'

뺨을 타고 눈물이 흘렀다. 남편이 떠올랐다. 남편은 결혼 후 승진해 바빠지면서 일 년 중 300일 이상은 늦었다. 나와 아이들이 잠든 시간에 하숙생처럼 왔다가 가버렸다. 낯선 타지에 온전히 아이들과 나밖에 없었다. 그래서 그에게 쉽게 토라지고 예전처럼 날 대하지 않는다고 자주 화를 냈다.

 몇 시간 전, 모처럼 일찍 온 남편이 싱크대에 쌓여있던 설거지를 해줬다. 그런데도 괜히 심술이나 혼자 하는 육아가 너무 힘들다며 그의 등 뒤에 대고 한껏 악다구니를 해댔다. 남편이 뒤도 돌아보지 않고 그만하라며 헹구던 접시를 그대로 내리쳤다. 그 바람에 몇 발짝 뒤에 서 있던 내게 유리 조각이 튀었다. 발등에 살짝 피가 났다. 난 이참에 본때를 보여준다는 생각에 현관문을 열고 집을 나와 버스에 올라탔다. 얼마나 치기 어린 행동인가. 내 모습이 남편에게 무한한 사랑을 달라고 떼쓰는 아이 같았다.

 잠시 후, 마지막 정거장에서 모두 내려달라는 안내 방송이 나왔다. 급히 버스에서 내려 다시 출발하는 차에 올라타 그에게로 갔다. 뛰지도 않았는데, 달리기를 한 것처럼 심장이 뛰었다.

6월 5일. 결혼 20주년을 맞는 날이다. 평소보다 일찍 눈이 떠졌다. 항상 새벽 다섯시면 출근하는 남편, 침대 위에 남겨진 그의 흔적을 물끄러미 바라봤다. 휴대전화를 꺼내 그에게 메시지를 보냈다.
'결혼기념일 축하해. 나 같은 여자랑 살아 행복했지? 나도 자기 만나서 행복했어. 저녁에 일찍 와. 애들이랑 갈비 먹자.'
'그래.'
짧은 답신에 그의 말투가 느껴져 피식 웃음이 났다.

내가 돌아갈 집은 어디인가

이강숙

 기쁜 마음의 집, 딜쿠샤

2023년 12월 친구와 함께 뮤지컬 〈딜쿠샤〉를 봤다. 딜쿠샤는 서울시 종로구 행촌동에 위치한 국가 등록문화재 제687호로, 한국 근현대 역사를 고스란히 담은 가옥이다. 페르시아어로 '기쁜 마음'이라는 뜻의 딜쿠샤는 '앨버트 테일러 가옥'으로 불리기도 한다. 1919년 대한독립선언서를 입수해 3·1 운동, 제암리 학살 사건 등을 외신으로 처음 보도한 미국인 앨버트 테일러(1875~1948)와 그의 아내 메리 테일러가 지어 살았던 집이다.

뮤지컬 〈딜쿠샤〉는 영국인 기자 테일러 부부가 처음

집을 짓고 살게 된 1923년부터 그들이 일제 강점기 독립 운동을 도왔다는 이유로 강제 추방되는 해방 전 시기, 그리고 전쟁 직후 폐허가 된 서울에서 가난했던 그 시절의 사람들에게 따뜻한 공간으로서 자리 잡았던 시기로 나누어진다. 그 집을 가장 오랫동안 지켜왔던 '금자' 할머니(처녀 때부터 노년에 이르기까지 살았던)와, 어린 시절 딜쿠샤에서 지낸 추억이 있는 테일러의 아들이 서로 우연한 기회에 편지로 집을 둘러싼 추억을 주고받는 이야기다. 집이 단순한 물리적 공간으로서가 아닌, 그 시대 함께 살았던 사람들의 삶의 애환과 역사성을 품은 특별한 서사적 공간으로 재현되면서 우리에게 '집'의 의미를 생각하게 하는 내용이었다.

어찌 보면 지금 시대 '내 집'은 꿈이고, 자산을 불리는 개념이 더 강하다. 대부분의 사람에게 '내 집' 장만은 '영끌'을 해야만 한다. 그러니 인생의 상당 기간 은행 빚을 갚으면서 무겁게 등에 지고 살아야 하는 현실을 의미한다. 뮤지컬 〈딜쿠샤〉는 그런 의미에서 반대급부의 정서를 더 건드리는 것인지도 모른다. 팍팍하고 지친 삶 속에서 돌아가겠다 마음먹으면 언제든 다시 갈 수 있는 따뜻한 곳이라니. 그런데 나는 왠지 〈한 지붕 세 가족〉〈서울의 달〉을 지나, 〈응답하라 0000〉도 훨씬 지나친 〈기생충〉을 생각하게 되면서 딜쿠샤의 판타지가 확 깨진다. 세상이 변했다. 햇볕이 들지 않는 지하 셋방, 여름엔 덥고, 겨울엔 더 추운 옥탑방, 창문 하나 없는 사람 하나 겨우 눕기도 빠듯한 원룸이면 어떨까. 사실 집이 없는 나는 '집'이 주는 어떤 아련함, 따뜻함 이런 것이 없어졌다. 모든 이의 삶이 네모 공간 안에 박제된 듯한 아파트라는 곳은 그리 그리움을 부추기는 곳이 아니다. 물론 편하고, 효율적이기는 하다. 그러나 그뿐이다. 뭔가 추억으로 남겨지는 아련함은 없다. 딜쿠샤라는 뮤지컬을 보면서 나도 나무가 있고, 나의 역사나, 손길이 묻어날 수 있는 그런 곳에 살고 싶다고 생각했다. 언제든 돌아가고 싶은 그런 따뜻한 공간으로서의 '내 집'은 대체 어떻게 만들 수 있을까.

돌아갈 집 VS 떠날 집

내가 현재 4년째 사는 이 집은 결혼 후 네 개 지역을 돌아 여덟 번째 만난 집이다. 아파트도 집이라면 집이겠지만, 내겐 집의 개념이기보다는 언제 떠날지 모를 거처 정도이다. 이제 내게 고향은 없다. 그리고 정주의식을 버린 지는 오래다. 지금까지 모두 집과 직장이 서로 다른 인근 도시이다 보니 집은 그저 잠을 자는 곳에 불과했다. 한 번도 내 집이 있는 곳에서 주민 행세를 하거나, 권리 행사를 제대로 하지 않았다. 하물며 이웃의 얼굴조차도 모른다. 더구나 아파트 같은 경우에는 더욱 그렇다. 아니 오히려 이웃을 아는 것이 부담스러웠다. 내가 처음 오산시 한 아파트에 입주했을 때 바로 옆집 아주머니가 밭에서 따왔다며 오이며, 고추, 상추를 내게 주었다. 옆집이니 친하게 지내자는 속내 아닌가. 나는 너무 곤란하고 부담스러웠다. '집에서 밥도 잘 안 먹는데….', '그러면 나는 뭘 주지?' 받은 만큼 갚아야 한다고 생각하니 머리가 아파졌고, 나를 속속들이 알고자 하는 '친절'로 엮일까 봐 싫었다. 결국 나의 대처법은 친한 이웃이 되지 않는 거였다. 그곳에 사는 10년 동안 피하고 피하고 또 피하며, 무사히(?) 친한 이웃이 되지 않는 남으로 살았다. 한편으로는, 베푼 친절을 외면한 내가 끔찍했다. 그 옆집에 미안한 생각이 없지 않았지만, 나는 지극히 아무 부침 없는 개인주의적 삶을 충실히 살고 싶었던 피로 사회의 한 인간이었다. 그럴 때 집은 자발적 고립, 도피처일 뿐이다. 만약 내게 지금 '네가 돌아갈 집이 어디냐'라고 묻는다면 뭐라 답할까. 생계를 따라, 혹은 형편에 따라 이 도시 저 도시를 떠돌다 보니, 내가 다시 돌아갈 집, 돌아가고 싶은 집은 없다. 아니 없어졌다. 이 신산한 도시의 삶, 내가 돌아갈 수 있는 곳, 돌아가고 싶은 곳은 어디일까.

그러나, 그런 메마른 삶으로부터 분명 나를 지켜주는 곳은, 비록 역세권도 숲세권도 아니지만 지금 사는 이 답답한 사각의 아파트임은 분명하다. 여전히 도시의 개인주의자이고 시니컬한 주민일 뿐이지만, 역설적으로 나는 지금 혼자 사는 내 집을 사랑하게 되었다는 사실이다. 딸이 결혼하여 나간 이후 나 혼자만의 완전한 독립과 100% 자유를 얻을 수 있는, 물리적·정신적 공간의 주인이 되었다. 누구의 간섭도 없이, 뭘 어떻게 하던 모든 것이 내 맘대로 내 취향대로 되는 곳이라는 사실이 주는 쾌감은 묵은 짐들을 내려놓은 것처럼 가볍고 꿀처럼 달콤했다. 그렇지만 앞으로의 정황상 나는 이 집을 또 떠나게 될 것이다. 도시든 사람이든 이제는 모두 '순삭'이라는 단어로 표현되듯, 어떤 이유로든 정주하기보다는 끊임없이 표류하고 유랑하는 삶이 이 시대 우리의 운명이 아닐까. 그렇다면 잠깐일지라도 내 거처를 머물고 싶은, 팍팍한 세상사로부터 언제든 돌아가고 싶은 특별한 공간으로 만든다는 것은 가능한 걸까. 혹은 그것이 어떤 의미를 가질 수 있는 것일까. 어쩌면 지금 시대는 '내가 언제든 돌아가고 싶은 곳'을 찾기보다는 '언제든 다시 떠날 채비'가 될 수 있는 곳이 더 필요한 것은 아닐까. 더구나 생의 가장자리를 향해 가고 있는 내게 '집'은 더욱더 '떠날 채비를 해야 하는 곳'으로서 의미화되어야 하는 것은 아닐까.

내 집의 진정한 설계자가 되기 위해서는 신산한 삶으로부터 나를 구원해 줄 수 있는 곳, '지금'을 살아가는 곳, 내가 나를 돌볼 수 있는 집, 거기에 아마도 '언제든 가볍게 떠날 수 있는, 그런 채비를 하는 곳'으로서의 집에 대한 나의 고민이 하나 더 얹혀져야 하지는 않을까.

산동네 그 집

뮤지컬 딜쿠샤를 보면서 떠올릴 수밖에 없었던 곳은, 내가 십 대를 보낸 돈암동 산동네 그 집이었다. 서울로 이사 온 후 셋방을 전전하다 겨우 장만한 집. 집 뒤편에는 거대한 바위가 자리 잡고 있었다. 땅은 좁고 긴 직사각형인 까닭에 방 네 개와 부엌이 일렬로 볼품없이 늘어서 있었다. 최악은 화장실이 대문 밖에 있어 자물쇠로 채운 문을 열고 볼일을 봐야 하는 집이었다. 이런 집이 왜 내게 딜쿠샤 같은 아련한 추억을 자아내는 집이 되었을까. 아마도 내가 세상을 다 이해하지 못하던 때, 내게 벌어진 여러 가지 일과 사연이 가장 많았던 곳이라서가 아닐까. 지금은 흔적도 찾을 수 없는 아파트 촌이 되어버린 곳. 꼬불꼬불 계단 길, 집 뒤의 커다란 바위 그 위로 세운 낮은 담장에 서면 우리 집을 덮고 있는 슬레이트 지붕이 마치 장난감처럼 작게 느껴지던 곳. 매달 한 번씩 등화관제가 있던 날에 촘촘히 산자락을 덮고 있던 불 꺼진 집들 위로 펼쳐진 별이 가득하던 밤하늘. 황홀하게 바라보았던 그날의 기억을 나는 잊을 수가 없다. 야간 학습을 마친 밤늦은 시각, 우리 집까지 올라가는 가로등이 없는 어두컴컴하던 계단 길이 무서워 뒤도 돌아보지 않은 채 턱까지 차오르는 숨을 삼키며 뛰어 올라갔던 기억들. 100번째 계단에 자리 잡고 있던 그 집은 내 십 대의 시간을 고스란히 담고 있다.

 언젠가 그곳을 동생과 함께 가보았지만, 우리 집의 흔적을 찾을 수 없었다. 보는 화면마다 비가 내리던 동도 극장도 없어졌다. "아빠, 돈 10원만 벌어다 줘" 했던 똘똘하고 앙큼한 혜진이네는 우리 집 끝에서 세 번째 방에 세 들어 살았다. 매일 밤 하얀 돼지비계를 프라이팬에 구워 맛있게 먹는 광경이 낯설고 신기했던 혜진이네. 혜진이를 입양 보낸 후 혜진이 엄마는 방문을 걸어 잠그고 엉엉 울었다. 그러고는 곧 이사를 가버렸다. "혜진이 몇 살?" 하면 손가락 세 개를 펴며 "세 살." 하고 대답하던 혜진이는 어디로 보내졌을까.

나는 그 집에서 정치적 격변기였던 80년을 맞았다. 아빠는 데모하는 오빠와 매일 싸웠고, 그 때문에 마음 약한 나는 늘 전전긍긍해야 했다. 아빠의 독기 어린 야단을 온몸으로 받은 날은 밤새 숨죽여 눈물을 게워 내며 분노와 슬픔을 억눌렀다. 그다지 행복하다거나 안락하다거나, 만족스럽지 못했던 십 대를 보낸 곳, 불안했고, 우울했고, 혼란스러운 시기를 그 집과 함께했다. 물론 가끔 행복한 기억도 있었다. 오빠가 없는 시간 오빠 방에 엎드려 라디오를 들으며 편지를 쓸 때, 오빠 책장에서 오빠가 보던 흥미로운 서적들을 골라 맘껏 탐독하는 재미도 쏠쏠했다. 어느 해 우리 세 남매는 크리스마스 날 카드에 들어갈 그림과 시 쓰기를 겨루었고, 아빠로부터 1등으로 뽑힌 나는 상으로 받은 용돈을 우리 세 남매의 주전부리값으로 아낌없이 투척하는 우애를 발휘하기도 했다. 그리고 우리 가족이 모두 함께 처음이자 마지막으로 여름휴가를 외갓집으로 갔던 기억들. 마루에서 혼자 기타를 뚱땅거리며 고래고래 노래를 부르면 알 수 없는 두려움이 한 뼘쯤은 사라지곤 했던, 불안하고 혼란스러운 내 십 대의 어느 지점에도 숨은그림처럼 찾아지는 행복들이 있었다.

하지만 그 기억 속에 함께 있던 가족은 세상을 떠났거나, 기억하기에 너무 늦은 나이가 되어 버렸고, 나도 60이 넘었다. 그때의 나는 60이 넘은 나를 상상할 수 없었다. 내 십 대의 기억을 고스란히 가지고 있던 집은 흔적도 없이 사라졌지만, 그 기억은 내 마음에 아카이빙되어 있다.

'세상 어디에서 모험을 하더라도, 내가 돌아갈 곳은 나의 집' 뮤지컬 〈딜쿠샤〉에서 가장 기억에 남는 대사다. 어쩌면 내게는 돈암동 산동네 집이 그런 곳이 아니었을까.

즐거운 나의 집

이수경

초등학교 시절 단골로 그리는 집이 있었다. 살구색의 뾰족한 지붕과 하얀색으로 곱게 칠한 벽, 아치형의 창문과 아치형의 현관 앞으로 넓은 잔디가 펼쳐진다. 잔디를 둘러싸고 촘촘히 심은 들꽃들이 하늘하늘하고, 예쁘게 난 창문 안으로는 식탁에 둘러앉은 가족들의 웃음소리가 끊이지 않는다. 그것이 무의식 속에 내가 원했던 '집'이었다.

학창 시절을 보내고 사회생활을 하면서 그런 집은 환상에서나 존재한다는 걸 알았지만 포기하고 싶지는 않았다. 엄마의 반대를 무릅쓰고 하얀색 가구와 식기들로 신혼집을 채우고 꾸몄다. 체리 색의 고풍스러운 몰딩으로 장식한 오래된 집과 어울릴 리 만무했지만, 최대한 나의 이상에 근접하려 참 애를 썼다. 그렇게 따로국밥의 새로운 컨셉을 가진 집에 둥지를 틀었다.

아이들이 태어나고 가족이 완성되면서 '집'의 겉모습은 내 바람과는 멀었지만, 집 안의 풍경은 나의 이상에 가까워졌다. 기념일마다 파티로 소란하고 축하하고 싶은 아무 날을 기념일로 만들었다. 큰딸이 태어난 지 2,356일이라든가, 둘째의 1,896일. 의미 있는 숫자가 아니었지만 함께하는 매 순간이 특별하니 그날이 기념일이었다. 좋은 날도 있었고 그렇지 못한 날도 많았지만 싸우고 화해하며 사람 사는 집이 만들어져 갔다.

그렇게 웃고 울던 17년의 추억을 뒤로 하고 이사를 하게 되었다. 그냥 '이사를 하게 되었다.'의 표현으로는 부족할 만큼 간절히 원했던 이사였다. 오랜 시간 한 곳에 있다 보니 새집으로 옮겨가는 지인들이 너무 부러웠던 까닭이었다. 상황이 여의찮아 몇 번을 포기하다 가까스로 기회가 닿아 옮기게 되었다. 발품을 팔아가며 고르고 고른 집은 나의 이상에 가장 근접한 집이었다. 더없이 기뻤다. 온 집안을 하얀색으로 장식하고 곳곳에 포인트가 될 핑크색도 두었다. 가전과 가구 소품마저 참으로 정성스럽게 골랐다. 스케치북으로만 그렸던 내 집에서 시작하게 될 2막에 기대로 벅차올랐다.

 모두가 행복할 줄 알았다. 아니 행복해야만 했다. 그러기 위해 이사를 했으니 당연히 그럴 것으로 생각했다. 하지만 집에 익숙해지기도 전에 시련은 찾아왔다. 남편은 예상했던 것보다 길어진 출근 시간에 힘들어했고, 둘째 아이는 전학 간 학교에서 좀처럼 적응하지 못했다. 짐 정리도 끝내지 못했는데 하루하루 식구들의 상태를 살피느라 바빴다. 남편의 출근길이 오늘은 좀 더 수월했는지 둘째의 학교생활이 오늘은 좀 더 나아졌는지 날마다 안부를 물었다. 늘어난 나의 출퇴근 시간과 수고스러움은 차마 꺼낼 수도 없었다. 늘 즐거운 일로 가득할 거라 기대했던 집은 그렇게 나에게 배신을 안겼다. 고르고 고른 소품도 가구도 집마저 모든 게 무의미했다. 내가 원했던 '집'은 있었으나 집 안의 풍경이 사라졌다. 늘 파티로 소란했던 집은 적막이 감돈다. 항상 열어두던 아이들의 방문은 이제 굳게 닫혀있고 여름이면 에어컨 한 대에 의지하느라 옹기종기 모이던 거실에도 이제 사람이 없다. 예전보다 더 좁아진 집 탓에 북적거릴 만도 하건만 겹치는 동선 하나 없이 집은 온기를 잃었다.

어릴 적 잘사는 친구들의 집을 부러워하던 나에게 엄마는 우리 식구 발 뻗고 잘 집만 있으면 됐지, 궁궐이 무슨 소용이냐고 하셨다. 그럴 때마다 나는 엄마의 말에 반기를 들었다. 당연히 으리으리한 궁궐에서 살면 더 행복하지, 발만 뻗을 수 있는 집이 웬 말인가. 궁궐 같은 집을 내어주지 못한 엄마의 비겁한 변명쯤으로 생각했다. 하지만 이제 그 뜻을 알 것 같다. 집의 모습은 행복과 비례하지 않는다.

물론 이사와 아이들의 현 상황이 묘하게 맞물려 힘든 건지도 모르겠다. 입시의 전쟁 속에서 승기를 잡아야만 하는 첫째는 첫째대로, 사춘기의 열병을 앓고 있는 둘째 역시 그 나름의 이유로 각자의 숨 쉴 곳이 필요했을 것이다. 그 영역이 집에서 또는 거실에서 지금 각자의 방으로 옮겨 간 것이리라. 그렇다면 이제 각자의 방이 내가 그토록 바랐던 각자의 따뜻한 집이 되어 마음의 상처를 치유하고 다시 시작할 수 있는 힘을 주는 공간이 되기를 바라본다. 그리고 언젠가 적당한 때가 오면 각자의 방에서 다시 거실로 그 영역이 옮겨지기를, 함께 모여 예전 같은 온기를 이 집에 불어넣을 수 있기를, 하지만 그날이 너무 멀지 않기를 바란다.

오늘은 첫째의 6,019일, 둘째의 4,889일이다.
이 숫자들에 의미를 가득 담아 다시 기념일로 소란해질 즐거운 나의 집을 기다리며….

이야기를 담은 '집'

조진명

어릴 적, 나는 집을 참 좋아했다. 난간에 앉아서 돌멩이로 공기놀이를 종일 하기도 하고, 돌계단에 누워 하늘을 쳐다보며 심심하게 시간을 보내기도 했다. 지금도 나는 심심하고 여유로운 분위기가 좋다. 비가 오면 방에 대야를 받쳐놓아야 하고, 겨울이면 난방이 안 돼서 추위에 떨며 이불을 뒤집어썼지만, 우리 집이 참 좋았다. 사춘기 때는 창문 앞에 라디오를 틀어 놓고, 창밖을 보며 최신가요를 듣는 감성에 빠지기도 했다. 뻐꾸기 소리, 개구리 소리, 아까시꽃 향기, 밤꽃 향기로 음악도 향수도 필요 없었다.

이 집의 시작은 어쩌면 아버지의 '병'이었다. 아버지는 군 복무 시절 결핵을 앓았다. 당시 결핵은 지금의 암처럼 무서운 병이었다. 폐결핵으로 죽을 고비를 군대에서 한 번, 결혼 후 재발해서 두 번 넘겼다. 서른의 젊은 아빠는 갓난아기와 스물세 살 아내를 두고, 요양원에서 홀로 죽음과 싸우는 경험을 해야 했다. 아버지는 '내가 살려면 시골에서 살아야겠구나' 하고 생각하게 되었다.

아버지는 요양을 마치고, 할머니가 계시던 서울 변두리에서 양계장을 하며 착실히 돈을 모았다. 모은 돈으로 논을 사서 벼농사 짓고, 중국 음식점도 시작했다. 부부가 함께 중국집을 해서 번 돈과 논을 판 돈을 합해 낯선 시골에 땅을 샀다. 그 땅이 내가 지금 살고 있는 곳이다.

내 나이 다섯 살 때, 시골 창고에서 6개월을 살았다. 이 창고는 아버지가 키우게 될 소들의 축사가 될 곳이었다. 시멘트 벽돌로 쌓은 벽과 지붕만 있는 정도였다. 아버지 나이 마흔, 어머니 나이는 서른세 살에 낯선 시골에 와서 축사에 살면서 맨땅에 집짓기를 한 것이다. 오십이 넘은 나는 이제야 생각한다.

'엄마, 아빠가 젊은 나이에, 어린 우리를 데리고 낯선 곳에 집 짓고 터전을 마련하기 위해 얼마나 고군분투했을까.'

아버지가 직접 그림을 그려 설계하고, 인근 목수를 불러 집을 지었다. 집을 짓는 과정에서 목수가 어느 여인과 바람이 나서 도망가는 바람에 공사가 지연되었다. 타지에서 온 아버지는 직접 목수 일도 하고, 동네 사람들을 일꾼으로 섭외하며 집짓기를 계속했다. 언니, 오빠는 학교 때문에 큰집에 맡겨두고 다섯 살인 나만 데리고 왔다. 아버지는 일꾼들과 같이 집을 짓고, 어머니는 어린 나를 데리고 밥과 새참, 온갖 허드렛일을 했다. 힘든 줄도 모르고 창고에서 먹고 자며, 눈뜨면 일하면서 6개월간 집을 지었다.

아버지의 로망을 담아 2층으로 짓고, 어머니의 로망을

담아 아궁이 부엌도 만들었다. 2층은 비가 새고 추워도 우리 삼 남매에겐 추억의 공간이 되었고, 아궁이 방은 할머니를 모셔 와 뜨끈한 할머니 방이 되었다. 홀로 열 명의 자식을 키우느라 온갖 고생을 한 할머니도 이 집에서 편안한 노년을 보내셨다. 밥도 굶던 때, 쌍둥이인 아빠를 낳아 젖도 안 나오고 어찌나 맥이 빠지고 힘들었는지 모른다고 하셨다.

"쌍둥이 안 낳았으면 큰일 날 뻔했구나."

하고 종종 말씀하셨다.

아버지가 직접 지어서일까. 집을 지은 첫해부터 집에 문제가 생겼다. 지하실에 물이 고이고, 지붕에 비가 샜다. 비가 오면 전기가 나가기 일쑤였다. 비바람 치는 밤이면, 어김없이 두 분이 비를 맞고 이리 뛰고 저리 뛰던 기억이 난다. 아버지는 평생을 그렇게 집을 고치며 사셨다. 그럼에도 집을 아끼셨다. 직접 지은 집에서 할머니는 90세까지 살다 가셨고, 우리 셋은 자라서 어른이 되었다. 자식들 교육 때문에 잠시 도시로 나간 적도 있었지만, 결국 두 분은 다시 돌아왔다. 좋아하는 꽃과 나무도 심으며 정원을 가꾸고 텃밭 농사도 지으셨다. 그렇게 두 분 모두 이 집에서 마지막까지 살다 가셨다.

부모님이 돌아가신 후, 옆집인데도 한동안 집에 들어가지 않았다. 부모님 집에 들어서는 순간 마음이 복잡하고 눈물이 났다. 엄마가 쓰러져서 돌아가시던 순간, 아버지가 홀로되어 우시던 순간이 떠올랐다. 아버지가 병원에서 내게 한 간절한 말씀이 생생했다.
"집에 가고 싶다."
생각하면 슬프고 죄스러운 마음에 괴로웠다.

부모님이 돌아가신 후 주변을 정리하며, 서서히 두 분의 지나온 삶을 돌아보게 되었다. 그리고 깨달았다.
'이 집에서 아버지, 어머니는 행복하셨던 거구나'
부모님이 가시고 나서야, 내 나이 쉰이 넘어서야 내 부모님이 아닌 '두 사람'의 소망과 행복을 알았다. 힘들었지만, 부부가 행복했던 집이었다. 사랑하는 두 사람의 젊은 날이 담겨 있었다. 용기로 터전을 마련하고 집을 짓고, 부모님을 모시고, 자식들을 키워내며 강인하게 행복을 만들어 간 두 사람의 이야기가 담긴 집이었다. TV 드라마보다 더 드라마 같았다. 고생이었지만, 분명 행복한 고생이었다. 이제야 나는 슬픔이나 괴로움이 아닌 행복한 추억으로 이 집을 볼 수 있게 되었다. 행복했던 부모님을 생각하며, 이제 부모님 집 문을 열고 드나든다.

'아버지처럼 집을 지어야겠다. 내가 맘껏 행복한 집, 사랑하는 이들에게 행복을 전해 줄 집을 지어야겠다.'

나도 인생 2막의 집을 만들기로 했다. 그곳에서 인생 2막을 새로 시작하고 싶다. 지친 나와 남편이 맘껏 행복을 누리는 집, 성인이 된 아이들의 쉼터가 될 집을 공책에 그리기 시작했다. 인생 2막의 내 집에는 맘껏 누린 '기쁨'을 담고 싶다. 미래의 이 집을 생각만 해도 마음이 설렌다. 이 집에는 할머니가 '스뎅 그릇'이라 부르던 만능 그릇과 아버지가 매일 쓰시던 모닝 '커피잔'을 두고 써야겠다. 할머니 그릇에 달걀찜을 하고, 아버지 커피잔에 커피를 마시며 할머니 얘기, 부모님 얘기를 웃으며 해야겠다. 우리에게 주신 행복을 맘껏 누리고, 또 아이들에게 전해 주어야겠다. 언젠가 아이들이 이 집에서 나 없이도 우리의 이야기를 즐겁게 나누기를 바라면서 말이다.

성남 꼭대기 집

홍성님

"여보 이 많은 집중에 왜 우리 집은 없을까? 오막살이 한 채라도 내 집이 있었으면 좋겠다. 이젠 2년마다 이사 다니기 힘들어". 성남 꼭대기 오르막길을 올라가면서 했던 말이다. 성남은 집들이 모두 산꼭대기나 언덕배기에 있다. 얼마나 길이 가파른지 겨울만 되면 마을버스가 올라가지 못하고 정차해 버린다.

눈이 많이 내리던 날이었다. 퇴근길에 차를 몰고 언덕을 올라가는데 미끄러워 웽웽 헛바퀴만 돌고 앞으로 나가지 못했다. 뒤따라오던 차들도 낑낑대고 제자리걸음만 할 뿐이었다. 순식간에 도로가 주차장이 되어버릴 만큼 난장판이 되었다. 다음날 출근길에 가보니 차는 엉망이고 빠져나오는 데 몇 시간이 걸렸다. 눈이 녹을 때까지 차를 두고 한참 걸어 다녀야만 했다.

성남 단독주택 이층집에서는 4년 동안 전세살이를 했다. 여름철 장마에 옥상 방수가 되지 않아 큰방으로 빗물이 뚝뚝 떨어졌다. 급하게 수리공을 불렀지만, 비가 멈추고 날이 좋아야지만 방수공사를 할 수 있다고 했다. 근 한 달 동안 방안에서 빗소리를 들으며 지내야 했다. 생각해보면 친구들한테 방에 비가 샌다고 투덜거리며 신세 한탄한 것도 추억이 되었다.

그곳으로 이사 할 때의 에피소드가 한 가지 더 있다. 아파트에 살다가 첫날 단독주택으로 이사를 했는데 화장실에 들어가자마자 기절할 뻔했다. "여보 여기 세면대가 없어요, 무슨 일이야?" 하면서 남편과 함께 부동산에 전화를 걸었다. 놀란 목소리로 "사장님 큰일 났어요, 여기 화장실에 세면대가 없어요, 세수를 어떻게 해요?" 사장님은 기가 막힌 지 헛웃음을 치면서 "여기 성남은 다 그래요, 세숫대야 사서 쓰세요". '세상에나 세숫대야에서 쪼그리고 앉아 머리 감고 씻으라니 너무한 거 아냐?' 방 두 칸짜리 전세살이는 그렇게 놀란 토끼처럼 이리저리 뛰어다니며 힘겹게 살았다.

젊어 고생은 사서 한다고 했다. 그래도 나는 하고 싶지 않다. 누가 그런 엉터리 철학을 내놓았는지 따지고 싶다. 하지만 그곳도 정이 들어 살만했다. 성남 집에서 굽이굽이 가파른 언덕을 미끄러지듯이 내려가면 재래시장이다. 남편 출근하고 늦은 아침에 시장에 가면 내가 가장 좋아하는 전라도 김치 할매 집이 나온다. 짭짤한 갈치속젓으로 담근 파김치며 갓 담은 겉절이, 봄이 오면 봄동 김치를 맛볼 수 있어서 좋았다. 단골 김치 집을 지나면 2,900원짜리 손 칼국숫집이 나온다. 진득한 멸치육수가 큰 솥에서 끓을 때면, 시장 안에 구수한 멸치 향이 가득 퍼진다. 참새가 방앗간을 지나칠 수 없듯이 한 그릇 든든하게 먹고 가야했다. 파 송송 올리고, 양념장 듬

뿍 넣고, 휘휘 저은 후에 먹는 칼칼한 맛은 세상 무엇과도 바꿀 수 없었다.

성남 집에는 많은 사람이 다녀갔다. 비록 방 두 칸의 좁은 집이었지만 교통이 좋아 친구나 조카들이 많이 오고 갔다. 동생 딸은 회사 입사를 앞두고 한 달 정도 와서 공부한 후 취업이 되어 나갔다. 남동생 아들은 대학 입시를 앞두고 수시 면접에서 합격하고 의젓한 대학생으로 새내기가 되었다. 친구들은 달동네 판잣집이지만 산속에 온 것처럼 공기는 좋다고 했다. 다들 와서 나름의 추억을 쌓으며 갔지만, 차마 친정엄마께는 오란 말을 하지 못했다. 이렇게 사는 딸의 모습을 보면 엄마가 마음 아파할까 봐 그랬다. '조금만 더 좋은 집으로 이사하면 엄마도 오시라고 해야지' 하며 그날이 오기를 손꼽아 기다렸다.

수원에서 전세살이를 한 번 더하고, 남편의 직장 때문에 화성으로 이사하게 되었다. 비록 나 홀로 아파트였지만, 시세보다 저렴하다는 이유로 대출을 받아 집을 장만했다. 내 나이 오십이 넘어서였다. 그즈음 엄마에게 치매가 왔다. 기억은 왔다 갔다 하고 병원에도 입원하셔야 했다. 나와 형제들은 치매가 어떤 병인지 자세히 알지도 못했고 다만 나이 들어 기억력이 없어지는 것으로 생각했다. 치매 예방법을 미리 알았더라면 치매약도 꾸준히 먹게 하고 관리할 수 있었을 텐데 하는 아쉬움이 크다. 시간이 갈수록 엄마는 점점 육체적, 정신적으로 쇠잔해져갔다.

결국, 엄마는 내가 장만한 집에 와 보지 못하고 돌아가셨다. 오막살이 집이라도 오셨으면 우리 딸집이라고 얼마나 좋아하셨을까. 언제나 나를 보면 안쓰러워하고 "너는 억지로 살아가는구나."라는 말을 자주 하셨다. 그때는 그 뜻을 알지 못했는데, 없는 형편에 잘 살아보려고 애쓴다는 생각으로 하셨을 말이었다. 이럴 줄 알았으면 성남 꼭대기 집에라도 모셔 와 따끈한 된장찌개에 보리밥이라도 드시게 하고, 시장 구경이라도 할 걸 후회가 된다. 공자가어에 나오는 자식이 효도하려고 하면 부모는 기다려주지 않는다[子欲養而親不待(자욕양이친부대)]는 말이 뼈저리게 사무치는 말이 되었다.

꿈에라도 다녀가신다면 엄마에게 자랑하고 싶다. "엄마 나 집 샀어요. 한번 놀러 오서요." "그래 잘했네. 고생했구나! 우리 딸." 따스한 그 한마디 들어보고 싶다.

테마 수필 2

의자

의자 김기화
눈부시게 강수정
내 마음의 의자 김귀애
무게 김은진
의자 짝꿍 김정주
정말 서울대 갈 수 있나요 이수경

의자

김기화

우리 동네에 허름한 담배 가게가 하나 있다. 아니 있었다. 오래전 문을 닫은 가게지만 빛바랜 간판만은 여전히 영업 중이다. 외벽은 드문드문 칠이 벗겨졌고 길쪽으로는 작은 쪽창이 붙어있었다. 아마 손님과 주인이 말을 섞고 돈과 담배를 주고받았던 창구였을 것이다. 바람막이로 덧댄 판자에도 세로로 난 빗금이 무수한 거로 보아 오랫동안 손을 보지 않은 것 같았다.

처음 이 가게를 본 것은 버스 안에서였다. 아파트단지와 주택, 성업 중인 대형 상점 사이에 섬처럼 불편하게 떠 있는 그런 집이었다. 가게 앞을 수없이 지나다녔어도 못 봤던 것을 어느 날 집으로 돌아오는 버스에 앉아있다가 무심코 내려다보게 되었다. 그 낯선 모습이 내 시선을 빨아들였다. 달리는 버스에서 몸을 돌려보니 문 앞에 의자 하나가 달랑 놓여있었다.

며칠 뒤 볼일 보러 가는 길에 일부러 가게 앞으로 지나갔다. 가까이서 보니 생각보다 허름하여 마치 폐가 같았다. 문 앞에 놓여있는 의자도 비닐 방석이 찢어지고 색까지 바래 제 기능을 다한 것 같았다. 차량과 사람들의 왕래가 빈번한 찻길 옆이지만 지나가는 누구도 그 집에 관심을 두지 않았다. 일을 마치고 집으로 돌아오는데 가게 안으로 들어가는 함석 문이 비스듬히 열려있는 게 보였다. 그 앞 의자에 백발노인이 앉아 있었다. 노인도 의자도 울퉁불퉁한 밤색 나무지팡이에 기댄 것처럼 보였다.

친정집에도 그와 비슷한 모양의 의자가 있다. 밤색 비닐 방석이 따로 놀아 못질하고 칠이 벗겨져 페인트로 칠했어도 거실 한편을 당당히 차지하고 있는 의자다. 오래 전에 산 식탁에 딸려 온 그 의자는 지방으로 이사 갈 때도 버리지 못하고 사포로 문질러 새로 칠해서 쓸 만큼 애착을 가졌던 물건이다. 하지만 시간을 축적한 식탁은 결국 주저앉았고 가구를 새로 바꾸며 의자 중 성한 것 하나가 시골집으로 밀려났다.

그러나 친정에 가서 보니 밀려난 것은 제가 아니라 나인 것만 같은 생각이 들 정도로 대접을 받고 있었다. 식탁 아래서 사람들의 몸무게에 눌려 춤을 추던 방석이 꽃바구니 끌어안고 거실 한편을 당당히 꿰찼다. 어디서든 제 한자리 온전히 차지할 줄 아는, 전 주인보다 나은 의자. 거기다 집안을 밝히는 가구의 대열에 홀로 이름을 올렸으니 신분상승이었다.

친정에는 의자가 몇 개 더 있다. 서로 등을 기대기보다 허공을 받치는 기둥처럼 집안 여기저기 흩어져 있다. 태깔 고운 새것도 있고 외로움의 시간을 견뎌온 오래된 것도 있다. 구석에 접혀있다 필요할 때마다 펼쳐지는 접이식도 있고 플라스틱으로 만들어진 것도 있다. 그것들은 평소에 짐받이 노릇도 하고 발판 역할도 하다가 누군가가 앉을 때는 의자의 모습으로 돌아온다.

그 집에서 가장 외롭지 않은 의자가 하나 있다. 제일

나이가 어려도 가장 낡았고 그런데도 제법 틀거지를 갖추고 있는 의자다. 주인의 손길이 닿을 때마다 온기를 저축해 온 모서리는 반들반들 빛이 나고 한쪽으로 기울어진 주인의 몸무게를 받쳐주느라 우묵해진 부분은 볼우물까지 패여 있다.

마음이 헛헛할 때 가요 테이프 틀어놓고 창밖의 나무 향해 한 곡조 뽑을 때면 어깨 춤추며 귀를 여는 것처럼 보이기도 한다. 한밤중 세상사 뒤집는 드라마에 혈압 올리며 육두문자라도 날리면 저도 주인과 한 몸 되어 들썩들썩 흔들어 댈 줄도 안다. 비 오는 날에는 평생 노동으로 마디마디 녹은 관절이 아파 내는 신음에 저도 같이 흐느낄 때도 있다. 때로는 자식들이 주고 가는 용돈을 품어주는 금고도 되고 손 전화기며 약봉지를 챙기고 장을 보거나 TV를 보고 적바림해놓은 메모지에 한자리를 내주기도 한다.

한편으로는 불편한 몸 일으켜 세우는 손도 되고 지팡이가 되기도 하는 그 의자는 긴 의자를 살 때 덤으로 딸려온 보잘것없는 것이었다. 하지만 친정엄마는 제값을 치르고 사온 소파보다 공장에서 버려지듯 덤으로 얹혀 온 그 의자에서 더 많은 시간을 보낸다. 그 의자는 주인이 곤한 몸으로 안방에서 귀잠 든 시간에야 나붓한 제 모습을 드러낸다.

얼마 전 사조룡(四爪龍) 문양과 금칠 흔적으로 미루어 조선 시대 임금이 사용했던 유물로 추정하는 야외용 의자가 경매에 나왔다. 추정가는 5억 원이라고 했다. 그런가 하면 유명 디자이너가 만든 일인용 의자 하나가 경매 시장에서 몇백억에 팔리기도 하여 재산 불리기의 수단이 된다는 소식도 들린다. 하지만 의자가 가장 빛이 나고 값질 때는 누군가 그 자리에 앉았을 때가 아닐까. 의자는 너무 푹신하거나 딱딱하거나 화려할 필요도 없다. 단지, 편안하면 된다.

나무의자, 회전의자, 흔들의자…. 권위를 상징하는 옥좌로부터 불쏘시개에서 거듭난 법정 스님의 파피용 의자, 쓰레기 치우듯 덤으로 딸려 보내는 의자에 이르기까지 세상에는 단명과 장수를 거듭하는 다양한 의자들이 존재한다.

사람 또한 타인을 위한 의자가 될 수 있다. 나이테를 키워가며 품이 넓어지는 나무처럼 나이를 먹으며 자식과 부모, 친구와 친구, 이웃과 이웃을 위해 번갈아 앉을 수 있는 의자가 되어주는 것이다.

오늘도 허름한 옛날 담배 가게 앞을 지나가는데 겨우내 웅크리고 있던 낡은 의자에 앉은 먼지를 봄바람이 훑어갔다.

눈부시게

강수정

 나는 집순이다.

특별한 날이 아니면 집에서 온종일 시간을 보낸다. 집이 좋다. 20대에는 내방 의자에만 딱~ 앉았다 하면 일어날 생각을 안 했다. 화장실에 가거나, 밥 먹을 때, 잠자는 일 외에는 오로지 내 책상과 의자에 앉아서 시간을 보냈다. 그 당시 나는 계획 세우기를 너무나 좋아했다. 오늘, 이번 주, 한 달, 1년, 30년의 계획. 물론 공부도 했다. 내가 이루고자 하는 것을 스크랩해서 벽에 붙이고 내게 필요한 명언들을 찾아서 포스트잇에 붙였다. 내 방 책상 앞쪽 벽에는 무언가가 늘 빼곡하게 붙어있었다. 그 벽을 바라보며 날마다 다짐했고 목표를 향해 노력하며 뿌듯하게 살았다.

안타깝게도 모든 계획을 다 잘 지켜내지는 못했다. 그러면, 나는 또다시 새로운 마음으로 계획을 세우고 체크하고 어떤 방향으로 가야 할지 사색했다. 내가 하고 싶은 것, 이루고 싶은 모든 것을 말이다. 지금 생각해 보면 내 방 책상과 의자는 나에게 참 고마운 친구다.

결혼하면서 온전한 내방과 이별해야 했다. 물론 남편과 함께 쓰는 서재가 있었지만, 이상하게도 그 방에는 발바닥을 바닥에 대기도 힘들었다. 한 번씩 청소할 때만 들어갔다. 순수한 내 방이 아니라서일까.

결혼 7년 차인 나는 즉흥적인 사람이 되었다. 계획을 세우는 일은 이젠 일처럼 느껴진다. 아이들과 남편 신경 쓰기도 벅차기 때문이다. 즉흥적인 것도 좋다. 계획이 틀어져 스트레스받을 필요도 없고 그 순간을 마음껏 즐길 수 있다. 그래서 우리 가족은 여행을 가면 너무 세세한 것은 찾아보지 않는다. 그래서 탈이 날 때도 가끔 있다.

육아하면서 마음을 잡기가 참 힘들었다. 나 자신보다

아이들을 먼저 생각해서일까. 글을 쓰기 전까지 나는 이 세상에 없었다. 나를 찾고 싶어 문을 두드리게 된 글쓰기 수업. 선생님 덕분에 마음의 여유가 조금씩 생기기 시작했고, 지금은 나 자신을 잘 찾아가고 있다. 이제 마음이 좀 편안해지니 다시 계획을 세우고 싶다.

실은 계획 없이 산 세월 동안 내가 이루고자 한 것과, 이룬 것들이 무엇인지 애써 외면하고 산 것 같아 조금 후회스럽다. 그래서 나는 아이를 어떻게 키우고 싶은지부터 어떠한 삶을 살고 싶은지 생각하고 하나씩 계획을 세우려 한다.

나만의 시간. 정말 중요하다. 나를 위해, 나를 사랑하는 시간. 정말 값진 시간이다. 나는 지금 우리 집 식탁 의자에 앉아 노트북을 켜고 글을 쓰고 있다. 여기서 글도 쓰고, 그림도 그리고 책도 읽고 혼자 멍하니 밖을 바라보기도 한다. 식탁 의자에 앉으면 엉덩이가 무거워진다.

우리 집 식탁 의자는 내게 가장 편안한 장소다. 조만간 서재도 나를 위한 곳으로 꾸며 보려고 한다. 앞으로

10년, 30년, 나는 어떤 사람으로 성장해있을까. 늘 성장하며 살고 싶다.

지혜와 현명함이 가득한 눈부신 어른으로 말이다.

내 마음의 의자

김귀애

초등학교 때의 일이니 까마득한 옛날 일이다. 6·25전쟁으로 학교 건물을 군인병원으로 내어주고 우리는 산으로 들로 뿔뿔이 흩어져 공부하러 다녔다. 부산 동래 화지산자락 운동장만 한 잔디밭 중앙에 동래정씨 묘가 있다. 그곳의 잔디밭 아래쪽 개울을 끼고 돌덩이로 울타리랑 출입문을 만들고 소나무 두 그루에 칠판을 걸어놓은 교실이 있었다. 아버지께서 마련해 주신 걸상과 화판을 메고 고개를 두 개나 넘어 학교에 다녔다. 비 내리면 근처 절[취]로 뛰어 들어갔다. 지금도 잊히지 않는 추억이 있다. 가사 실습으로 오므라이스와 크로켓을 만들었던 그 시간이 나의 뇌리에 아름답게 새겨져 있다.

내가 초등학교 다닐 때 우리 집엔 큰오빠만 책상과 의자가 있었다. 우린 앉은뱅이책상에서 공부했다. 밥도 식탁이 아니라 밥상에 둘러앉아 먹었고, 아랫목에 이불 한 장 펴 놓고 둘러앉아 도란도란 이야기를 나누기도 했다. 불편한 점은 생각나지 않고 어릴 적 아름다운 추억으로 새겨져 있다.

얼마 전까지 지하철을 타면 누가 자리 양보해 줄 것 같아 노인석으로 피했다. 팔순이 지난 지금은 앉을 자리 찾아 노인석으로 간다. 집안에서도 식탁에서 식사하고, 소파에 앉아 담소하고, 책상에 앉아 컴퓨터하고, 빨래는 세탁기가 한다. 그러니 바닥에 앉을 일이 거의 없다. 의자 없는 세상에 살아 본 나지만, 지금은 의자 없는 생활은 끔찍할 것 같다.

오랫동안 이야기 할머니로 지냈다. 의자와 관련된 동화책으로 《엄마의 의자》, 《행복한 의자 나무》, 《아낌없이 주는 나무》가 있다. 세 권 모두 글자 수도 많고 조금 어려운 내용이라 7세 유치원생과 초등학생에게 읽어주는 동화이다.

《엄마의 의자》는 할머니와 엄마와 소녀가 가난하지만 서로 사랑하며 성실하게 사는 집 이야기다. 그런데 집에 불이 나서 모두를 잃었지만, 이웃의 도움과 사랑으로 회복하고, 일 년 동안 동전을 모아 엄마의 의자를 마련하여 소박한 행복을 누리게 된다. 작가 베라 윌리암스는 이 책으로 칼데콧 아너 상을 받았다.

《행복한 의자 나무》를 쓴 대만 작가 량 슈린은 이 책으로 타이완 목동피리 상을 받았다. 거인 에이트의 꽃밭에 자기밖에 모르는 이상한 나무가 있었다. 어느 날 에이트의 칭찬 한마디에 이상한 나무가 정원에 있는 모두에게 행복을 주는 나무로 변한다는 이야기다.

《아낌없이 주는 나무》는 소년과 나무 이야기다. 나무는 사랑하는 친구인 소년에게 모든 것을 주었다. 노인이 된 소년이 밑동만 남은 나무를 찾아왔다. 밑동만 남은 나무는 아무것도 줄 것이 없다고 한다. 노인이 아무것도 필요하지 않고 그저 쉬고 싶을 뿐이라고 하자, 나무는 밑둥을 넓게 펴서 소년의 의자가 되어주며 행복해하는 이야기다.

　사랑은 받는 것 보다 베푸는 사랑이 더 흐뭇하다. 평생 살면서 터득한 사랑은 베푼 사랑이 다시 돌아올 때 더 달콤하다는 거다. 위 세 편의 동화는 아이들보다는 어른들에게 들려주고 싶은 동화들이다.

　내리사랑은 쉬워도 치사랑은 어렵다. 부산에서 서울로 시집와서 거리 멀다고 특별한 때에 얼굴 불쑥 내밀며 생색내던 내 불효가 부끄러워진다. 우리 형제를 끔찍이 사랑해 주셨던 부모님께 멋있고 아름답고 푹신하고 아늑한 내 마음의 안락의자에 모시고 싶다.

무게

김은진

분위기가 살벌해졌다. 고 대리는 오늘도 정 부장 앞에서 업무 과실로 질책을 당하며 고개를 들지 못했다. 그날은 상사의 눈치를 보느라 화장실을 가는 직원들이 전혀 보이지 않았다. 무의식중에 흘러나오는 한숨과 시선을 어디에다 둘지 모르는 눈들 "도대체 사람들이 월급만 받을 줄 알지 일에 대한 의욕과 성과도 전혀 없어" 죄 없는 책상을 꽝 치며 역정 내는 부장님의 그 한마디. 자리에 앉아 외마디 비명도 지를 수 없었던 직원들은 부장님이 언제쯤 밖으로 나갈까, 서로 조심스러운 눈빛을 교환했다.

새벽 5시 30분. 집을 나서 붐비는 버스에 몸을 싣고 전쟁 같은 출근을 했다. 안내양은 버스에 탄 많은 사람을 안으로 힘껏 밀어 넣었다. 그녀는 발판에서 곧 떨어질 것처럼 매달린 채 문을 두드리며 떠날 신호를 보냈다. 버스는 천천히 갔고 문래역에서 삼성역으로 가는 전철을 탔다. 지금처럼 에어컨이 시원하게 나오지 않는 전철에는 사람들과의 밀착으로 등줄기에서 땀이 흘러내렸다. 그렇게 지친 몸으로 하루를 시작했다.

근무 시작 전, 귀에 익은 음악 소리가 아침을 열었다. 동료들이 하나둘 모여들었고 국민 체조가 시작되었다. 체조 후 뱃속에서는 꼬르륵 소리가 났다. 배고픔도 잠시, 업무로 바쁘게 움직이는 손과 머리는 하루를 견디려고 열심히 달렸다. 이렇듯 서로의 노고를 잘 아는 동료들은 시간이 되면 함께 모여 식사했고 커피를 마시며 이야기꽃을 피웠다. 즐거운 휴식 시간이 끝나면 각자의 자리에서 더 열심히 일했다. 이런 우리 자긍심을 부장은 모르는 것일까? 평사원에서 지금의 부장까지 승진하는 데 17

년이 걸렸다고 한다. 자리가 사람을 만드는 것인가. 직책에 걸맞은 성과를 내기 위해 평사원들을 쥐어짠다. 월급 받는 우리는 긴장하며 살얼음판을 걸을 수밖에 없다.

어떤 직원은 이런 분위기로 기분이 좋지 않다며 사직을 할지 말지 고민한다. "회사를 그만두면 다른 곳에서도 이런 이유로 똑같이 사직할 거야? 정 부장 말투가 원래 좀 그렇잖아." 높은 직책에 대한 압박으로 먹이를 쫓듯, 우리를 향해 계속 쪼아대는 정 부장의 닦달을 어느 순간 이해하게 되었다. 그래도 성과를 내기 위해 밤낮없이 일하는 우리에게 월급만 받고 성의가 없다는 말은 한눈팔지 않고 일하는 직원들의 사기 저하는 물론이고, 자존심을 상하게 하는 말이었다. 늦게까지 업무를 하고 지친 몸으로 전철과 버스를 타면 집까지 두 시간 거리, 몸은 힘들었지만, 일할 수 있다는 그 이유 하나만으로 내 인생은 행복했다.

문래역 앞에서 판매하는 토스트 포장마차. 마가린에

빵을 구워 달걀과 야채를 섞어 만들어 다디단 설탕을 넣은 맛있는 토스트는, 빈속을 채우는 데 충분했다. 그 가게는 아침을 거른 사람들로 판매가 잘되었다. 나도 배고픈 동료들을 위해 토스트를 포장해 갔다. 그때는 지금처럼 편한 자가용으로 다니는 사람도 없었다. 대중교통으로 출근하는 사람들의 배고픔을 잊게 하는 커피는 유일한 밥이었다. 직원들을 위해 샀던 토스트는 허기진 배를 채우고 힘을 내게 했다. "은진 씨, 고마워. 덕분에 오늘 든든하게 시작하네" 동료들과 정 부장의 말을 듣고 "부장님 오늘 좋은 분위기로 일할 수 있도록 도와주시는 거죠" 넓은 얼굴에서 미소 짓는 모습을 보며 오늘은 잘 넘어가겠다고 생각했다. 그때는 당돌했고 할 말 다 하는 그런 성격이었다.

새벽 동트기 전에 집에서 나와 자녀들 잠자는 시간에 들어간다는 정 부장님. 주말은 가족 모두 식탁에서 눈을 마주 보고 식사하는 날이 가장 좋은 날이라고 말했다. 노부모와 함께 살고, 자녀들 학비와 병원비를 벌기 위해,

건강하게 일해야 한다는 부장님 말에 직원들은 숙연해졌다. 우리 부서가 다른 팀을 제치고 높은 성과를 냈다. 정 부장은 직원 모두를 향해

"수고했어! 지금처럼 열심히 일하자고 알았지, 오늘은 회식이니 한 사람도 빠지지 마."

그날은 매운탕에 소주 한잔하는 직원들 속에서 해냈다는 안도감이 들었던 내 모습이 눈에 들어왔을까. 등을 토닥여 주는 고 대리의 웃는 얼굴을 오랜만에 봤다.

한 팀으로 함께 일했던 그분들을 생각해 보면 맡은 업무를 묵묵히 해오면서 자기 자리에서 빛을 내준 것 같다. 또 다른 누군가는 승진해서 성과를 내기 위해 직원들을 닦달했을 것이다. 자리가 사람을 만든다는 것을 기억하며 정 부장님의 패턴을 그대로 재현하진 않았는지. 세월이 흘렀지만 내 머릿속에 저장되어 또렷이 생각나는 첫 직장에서 만난 가족 같은 동료들. 그때가 가장 잊을 수 없는 황금 같은 시간이었다. 지금은 내 인생에 커다란 변환점을 준 수필을 쓰기 위해 의자에 앉아 생각을

정리하며 서툰 컴퓨터를 열심히 두드려 본다. 좋은 사람들을 만나 추억을 만들고 함께 아름다운 결실을 보기 위해 나비가 되어 하늘을 훨훨 날고 싶다.

의자 짝꿍

김정주

 의자의 짝꿍은 뭐니 뭐니해도 엉덩이다.

책상 앞에 앉아 꼬물꼬물 놀기 좋아하는 난 이른바 '엉덩이 혹사하기'의 달인이었다.

코로나가 시작되며 학원을 폐업한 이후 실내에서의 온전한 하루가 내게 주어졌다. 잠을 잘 때 말고는 눕는 걸 좋아하지 않는 나는 더더욱 의자와 엉덩이를 밀착시키는 시간이 길다. 더불어 거실 한복판에 펴놓은 나의 애착 똥탁(동그란 탁자)은 온종일 나와 함께 한다. 밥도 여기서 먹고, 놀고, 공부도 한다. 물론 탁자 위에 한가득 어질러 놓는 것도 함께.

이거 하면 저거 하고 싶고, 저거 하다 보면 이것도 해야겠고, 그러니 탁자 위는 언제나 만원이다. 읽고 싶은 책들을 쌓아 놓거나 읽는 중인 책들이 최소 두세 권은 펼쳐져 있다. 종류별 펜이며 붓들, 다이어리는 또 얼마나 좋아하는지 늘 서너 권은 나와 있다. 영화를 보다가 멋진 장면이 나오면 바로 스케치북을 펼쳐 그림을 그리고, 관련 장면이 떠오르면 이 책 저 책을 뒤적여 찾아 확인해야 한다. 그리곤 다이어리에 적는다. 물론 나와 있는 것 중 손에 잡히는 것이 임자이다. 그래서 나중에 다시 찾아보는 일은 어렵고도 드물다. 심지어 책과 드라마를 동시에 보기도 하고 유튜브를 보면서 일기 등의 간단한 글을 쓰는 일은 일상이 되었다. 이런 이유로 내 똥탁은 늘 뭔가로 수북하고, 종일 뭔가 하느라 나는 분주하다.

이 다채로운 작업은 모두 의자 위에 올려진 내 엉덩이에 의지해야 한다. 이러고 보니 사실 몸 중에서 가장 대우 받아야 하는 게 엉덩이일진대 실제로는 제일 괄시 받고 있지는 않은가 싶다.

엉덩이를 혹사하는 세월이 흐르고 흘러 급기야 엉덩이가 아파오기 시작했다. 큰일을 맡고 있는 엉덩이 배려

차원에서 그동안 의자를 몇 번이나 교체하였다. 하지만 엉덩이는 만족하지 못했고, 더는 못 참아 주겠다는 엉덩이의 반란이 시작된 것이다. 의자 문제가 아님을 알게 되고는 저린 엉덩이를 끌며 병원에 갔다. 엉덩이가 아파서 왔다는 말을 거듭했음에도 의사는 계속 허리 검사를 하고, 허리 사진을 찍고, 주사 치료조차 허리에 시행한다.

'아픈 건 난데, 왜 쟤만 치료하는 거야?'

엉덩이가 투덜댈 것이 염려스러운 나는 침대에 엎드려 허리에 주삿바늘이 들어가기 직전에 외쳤다.

"선생님, 저 엉덩이 아파서 온 거 아시죠?"

"네."

쌀쌀맞기만 한 의사의 대답에 엉덩이조차 주눅이 든다.

결론은 엉덩이는 아무 죄가 없었다. 허리에 문제가 있었고 의자에 앉는 일은 허리에 가장 큰 무리가 된다는 얘기다. 그날부터 엉덩이와 의자의 결별이 시작되었다. 서서 쓰는 책상을 구입했다. 살살 걸으며 엉덩이를 달랜

나는 책을 볼 때도 서서 보고, 그림도 서서 그린다. 의자는 내가 밥을 먹을 때에야 비로소 엉덩이를 만날 수 있다. 그동안 엉덩이를 괴롭혔다는 숱한 의심을 받아 억울하기도 했지만, 의자는 엉덩이가 반갑다. 드디어 엉덩이를 만나 감지덕지한 의자는 엉덩이를 최대한 편안하게 받쳐 주려 할 뿐이다.

나는 직업상 평생 의자를 애용한 사람이고 그로 인해 약해진 허리 탓에 내 과묵한 의자는 엉덩이 만날 날을 고대하며 오늘도 대기 중이다. 마냥 엉덩이를 기다리는 의자를 보며 나는 속삭인다.

"엉덩아, 난 니가 소중하단다, 앞이 아닌 뒤에 두고, 더구나 깔고 앉는다고 해서 절대 널 무시하는 게 아니란다. 그러니 힘을 내어 근육이란 걸 만들어 보자. 그래야 네 짝꿍 의자랑 자주 만날 수가 있단다."

나는 오늘도 계단을 오른다. 엉덩이와 의자의 안락하고도 꾸준한 만남을 위해.

정말 서울대 갈 수 있나요

이수경

'의자 뒷다리에 고정을 돕는 글라이더와 쉽게 밀리지 않는 적당한 무게감이 움직임을 최소화해 완벽한 집중을 돕습니다.'

'척추를 가장 이상적으로 지지해 주는 S라인 등판과 두툼하면서도 푹신한 좌판으로 오랜 시간 앉아도 최상의 편안함을 제공합니다.'

서울대 도서관에 있어서 입소문을 타게 된 일명 '서울대 의자'의 광고 문구다. 큰아이가 쓸 의자가 필요해서 알아보던 중에 눈길을 끈 광고였다. '완벽한 집중', '서울대 의자' 이 두 문구에 홀린 듯 결제 버튼을 누르고 배송을 손꼽아 기다렸다. 그 의자만 도착하면 마치 우리 아이가 서울대학교 급행열차를 탈 것만 같은 충만한 기대감으로.

  도착한 의자는 존재감을 뽐내며 아이의 책상 앞에 자리 잡았다. 서울대 의자에 걸맞는 책상도 준비한 터였다. 한눈에 '집중'이란 단어가 떠오르는 독서실 형 책상이었다. 책상과 의자만 봐도 괜스레 뿌듯함이 새어 나왔다. 서울대 도서관에서 같은 의자에 앉아 있는 아이를 상상하면서 미소도 지어봤다. 준비는 끝났다. 이제 아이가 열심히 달려주기만 하면 되었다.

  나의 당찬 꿈을 담은 서울대 의자는 머지않아 그 위력을 뽐냈다. '집중'을 가장 큰 장점으로 내세웠던 의자는 그 명성에 걸맞게 컴퓨터 책상 앞에서 아이의 집중력을 한껏 도왔다. 어찌나 집중을 잘하는지 사람이 들어오는지 나가는지 옆에서 얘기해도 못 듣는 일이 다반사였다. 인강과 자료검색의 용도로 마련한 컴퓨터였지만, 누구보다 게임에 열중하며 미동도 없이 의자의 기능을 야무지

게 써먹고 있었다. 독서실 형 책상 앞에서 진가를 발휘해야 할 의자는 자신의 본분을 잊고 자꾸만 탈출을 시도했다. 다시 제자리로 돌려놓기 무섭게 또다시 떠났다. 점점 어디가 제자리인지 혼란스러울 지경이었다. 서울대 의자가 떠난 빈자리는 컴퓨터 책상 앞에 있던 간이 의자가 대신하고 있었다. 과장 광고는 아니었다. 집중력 향상은 확실했다.

 게임에 몰두할 수 있도록 도움을 줬던 의자가 자리를 옮겼다. 이번에는 화장대 앞이다. 화장하는 터치 한땀 한땀이 참으로 정성스럽다. 남들 다 해도 내 아이만은 그러지 않을 것 같더니 시기가 다를 뿐 그냥 넘어가는 법이 없다. 특히나 아이라인을 그릴 때 느껴지는 숨 막히는 집중력은 말로 형용할 수도 없다. 또다시 과장광고가 아니라는 걸 인정할 수밖에. 그렇게 서울대 의자는 아이의 방에서 각 구역의 주인을 몰아내는 대파란을 일으키며 승기를 잡아갔다. 왕좌를 내주고 갈 곳을 잃은 의자들은 결국 자리를 찾지 못한 채 백기를 들고 거실로 나왔다. 거실에서도 딱히 자리를 찾지 못한 의자들은 고이 접힌 채 유배 가듯 창고 깊은 곳에 갇히고 말았다.

이제 아이의 방에 의자는 단 하나다. 군더더기 없이 깔끔하다. 의자는 컴퓨터 책상 앞에서 화장대 앞에서 때로는 아이의 짧은 다리를 대신해 높은 곳의 옷을 꺼내주며 자신의 본분을 다하느라 분주하다. 여전히 내가 생각한 제자리와는 사회적 거리를 둔 채 말이다. 언제 제자리로 돌아갈지 그런 날이 오기는 할지 알 수 없다. 하지만 어리석은 나는 미련인지 집착인지 나름 가성비를 인정한 합리성인지 모호한 의문을 남긴 채 둘째 아이의 의자도 같은 것으로 구매했다. 둘째 역시 뛰어난 집중력을 발휘하며 책상 앞에서 그림 그리기, 뜨개질, 도자기 공예, 비즈 공예 등 취미 활동에 여념이 없다.

사실 로또를 구매하면서 1등에 대한 확신으로 구매하지 않듯이 의자 역시 마찬가지였다. 발표의 순간까지 기분 좋은 상상만으로 과정을 즐기듯이 서울대 의자도 그랬다. 아이들의 의사와 재능에 상관없이 혼자만의 흐뭇

한 상상이 좋았다. 1등 서울대생이 아니면 어떠하리. 너희는 내 마음속 1등 자식들인 것을. 비록 관심과 흥미의 대상이 공부가 아닐지라도 너희들의 잠재력은 우주와 같을 테니 나는 나의 서울대 의자와 함께 기다려 보기로 했다.

의자를 산 지 몇 년이 지났지만, 서울대 의자의 한 줄 리뷰를 남긴다.
'이 미친 집중력의 대상이 공부라면 서울대 갈 수 있을지도.'

화성수필 2
언젠가 꽃 필 너에게

2024년 9월 30일 초판 1쇄 발행

지은이 화성수필문학회 | 펴낸이 김은영 | 펴낸곳 북나비
출판신고 2007년 11월 29일 제380-2007-00056호
주소 04992 서울시 광진구 자양로9길 32 4층(자양동)
전화 (02)903-7404, 팩스 02-6280-7442
booknavi@hanmail.net
블로그 www.booknavi.co.kr

ⓒ 화성수필문학회 2024
ISBN 979-11-6011-136-1 03810

※ 이 책의 저작권은 저자에게 있으며 출판권은 북나비에 있습니다.
※ 이 책의 전부 또는 일부를 이용하시려면 저작권자와 북나비의 동의를 받아야 합니다.
※ 책값은 뒤표지에 있습니다. 잘못된 책은 바꾸어 드립니다.